人才画像
让招聘准确率倍增

李祖滨 陈媛 孙克华 ◎ 著

TALENT PORTRAIT
Double Recruitment Accuracy

机械工业出版社
CHINA MACHINE PRESS

图书在版编目（CIP）数据

人才画像：让招聘准确率倍增 / 李祖滨，陈媛，孙克华著 . -- 北京：机械工业出版社，2021.9（2024.4 重印）
ISBN 978-7-111-68974-4

I. ①人… II. ①李… ②陈… ③孙… III. ①人力资源–招聘 IV. ①F243.3

中国版本图书馆 CIP 数据核字（2021）第 169702 号

人才画像：让招聘准确率倍增

出版发行：机械工业出版社（北京市西城区百万庄大街 22 号 邮政编码：100037）	
责任编辑：孟宪勐	责任校对：马荣敏
印　　刷：涿州市京南印刷厂	版　　次：2024 年 4 月第 1 版第 16 次印刷
开　　本：170mm×240mm　1/16	印　　张：14.25
书　　号：ISBN 978-7-111-68974-4	定　　价：69.00 元

客服电话：(010) 88361066　68326294

版权所有 · 侵权必究
封底无防伪标均为盗版

Talent Portrait

目 录

总　序　2040年，让中国人力资源管理领先世界
序　言　人才画像解决三大招聘难题

第1章　拿起人才画像卡　/1

为什么总是遇不到"理想中"的他　/1
　　原因一：选择面太窄　/1
　　原因二：标准不清晰　/6
　　原因三：判断不准确　/9
持续成功的关键是"冰山下"　/12
识别"冰山下"素质的四大关键　/14
人才画像描绘"冰山下"　/15
行为提问问出"冰山下"　/16
深度追问判断"冰山下"　/17
性格测评佐证"冰山下"　/18
用好人才画像卡，找到合适的人　/20
　　统一面试标准　/21
　　提高面试效率　/22

　　　　提升面试水平 / 22
　　　　招到合适的人 / 23

第 2 章　放宽冰山上，扩大喇叭口 / 24

　　堵住喇叭口的八项障碍 / 24
　　　　过高的学历要求 / 27
　　　　过窄的专业限制 / 28
　　　　过多的经验要求 / 28
　　　　过窄的年龄限制 / 29
　　　　过重的长相偏好 / 30
　　　　不必要的性别限制 / 31
　　　　不需要的证书要求 / 32
　　　　不可取的地域偏见 / 32

　　放宽冰山上的"四不放"原则 / 33
　　　　非必要不放 / 34
　　　　一年内可培养不放 / 35
　　　　优先条件不放 / 37
　　　　超过三条不放 / 37

　　放宽 ≠ 放弃 / 38
　　谷歌的"加大光圈" / 40

第 3 章　坚守冰山下，精准画像 / 43

　　守住冰山下的底线 / 43
　　人才画像制作之共创共识法 / 46
　　　　第一步：召集成组 / 46
　　　　第二步：画像初稿 / 47

第三步：穷尽列举 / 47

　　第四步：投票取舍 / 48

　　第五步：正反验证 / 48

　　第六步：最终确定 / 49

　　第七步：确认仪式 / 49

　　第八步：持续迭代 / 49

人才画像制作之测评对比法 / 52

　　借性格特质认识素质项 / 52

冰山下素质项筛选的四项原则 / 58

　　原则一：咬合而非简单相关 / 58

　　原则二：均衡而不单一 / 59

　　原则三：独立而不交叉 / 60

　　原则四：缺一不可 / 61

德锐咨询 72 项素质菜单 / 62

第 4 章　经典人才画像卡 / 64

十大通用岗位人才画像卡 / 65

十大高管岗位人才画像卡 / 75

十大行业关键岗位人才画像卡 / 85

　　化工行业 / 85

　　医药健康行业 / 87

　　投资行业 / 91

　　餐饮行业 / 94

　　教培行业 / 99

　　互联网行业 / 102

　　房地产行业 / 107

制造行业　/ 112

建筑行业　/ 118

外贸行业　/ 122

德锐咨询人才画像卡　/ 123

第 5 章　不问行为就难辨高低　/ 127

结构化提问的 OBER 法则　/ 130

开放（open）：多问开放式问题，少问封闭式问题　/ 132

行为（behavior）：多问行为事例问题，少问假设性问题　/ 133

容易（easy）：问题简洁明了易理解　/ 136

相关（related）：问题高相关、紧咬合　/ 138

行为提问公式 = "你" + 最需场景 + 期望结果 + 事例　/ 140

为什么用"你"　/ 140

为什么用"最"字场景　/ 141

为什么用"期望结果"　/ 143

为什么用"事例"　/ 144

万能提问句式　/ 144

设计提问十大场景维度　/ 145

卓越交付　/ 145

坚韧抗压　/ 145

责任担当　/ 146

市场敏锐　/ 146

沟通协调　/ 146

精准提问六个常见错误　/ 147

错误一：提问方式太生硬（语气语速、肢体语言、面部表情）　/ 147

错误二：提问场景过于平淡　/ 148

错误三：提问场景过于具象　/ 148

　　　错误四：引导式提问　/ 149

　　　错误五：连珠炮提问　/ 149

　　　错误六：无效的负向验证　/ 150

第6章　没有追问就没有真相　/ 152

用 STAR 深度追问　/ 152

　　　走出低效面试的误区　/ 153

　　　用 STAR 识真伪、辨高低　/ 154

　　　基于人才画像进行追问　/ 156

追问的四个常见错误　/ 157

　　　追问未切中要害　/ 157

　　　追问不完整　/ 158

　　　追问过密、过急　/ 160

　　　追问倾听不够　/ 161

追问的四大技巧　/ 162

　　　追问技巧一：关注行为，多问"行动（A）"　/ 163

　　　追问技巧二：考察本人，多问"你"　/ 164

　　　追问技巧三：讲我所需，勤控场　/ 165

　　　追问技巧四：选择优秀，全过关　/ 167

追问行为的关键句式　/ 168

用性格测评防止过度主观　/ 169

　　　面试评价高，测评分值匹配度高　/ 170

　　　面试评价低，测评分值匹配度低　/ 170

　　　面试评价高，测评分值匹配度低　/ 170

　　　面试评价低，测评分值匹配度高　/ 171

第 7 章　成为金牌面试官　/ 172

不专业的面试官正在毁掉你的招聘　/ 173

金牌面试官需要专门培养　/ 176

精准选人不是知识而是能力　/ 176

金牌面试官需要专门的训练　/ 176

拿起人才画像卡，放下岗位说明书　/ 179

素质判断四大方法　/ 181

区分素质高中低　/ 182

把握底线标准　/ 183

用好直觉验证　/ 184

对难做判断的加试　/ 185

做好选人决策　/ 186

一次减损千万元的金牌面试官培养　/ 187

管理者都要成为金牌面试官　/ 192

不要将选人机会让与他人　/ 192

成为最高境界的面试官　/ 193

参考文献　/ 194

Talent Portrait

总　序

2040 年，让中国人力资源管理领先世界

南丁格尔的启示

因为我出生在国际护士节 5 月 12 日这一天，还因为我的母亲做了一辈子的护士，所以我对被称为"世界上第一个真正的女护士"的南丁格尔一直有着好奇和关注。2018 年 10 月，我在英国伦敦独自一人参观了南丁格尔博物馆。博物馆在圣托马斯医院内，面积约 300 平方米，里面不但模拟了当时战场上的行军床、灯光，还模拟了枪炮声以及战场伤员痛苦的叫喊声。博物馆内一个展柜吸引了我的注意，上面写着"She is a writer"（她是一位作家），她一生留下了 20 多万字的有关护理工作的记录，其中不仅有南丁格尔记录护理经历的 63 封书信、札记，还有她的《护理札记》《医院札记》《健康护理与疾病札记》等多部专著。这给了我很大的触动：南丁格尔也许并不是第一个上战场做护理的人，也不是救治伤员数量最多的人，但因为她是记录护理工作最早、最多的人，她以事实、数据和观察为根据，总结了护理工作的细节、原则、

经验和护理培训方法等,并把这些记录写成书流传下来,向全球传播,为护理工作发展和护理科学做出了重要的贡献,所以她是当之无愧的护理学奠基人。

这一年,我和我的团队已经完成了"人才领先战略"系列第三本书的写作,参观南丁格尔博物馆的经历更加坚定了我写书的信念,我们要写更多的书,为中国、中国企业、中国的人力资源管理做出我们的贡献,不辜负这个时代赋予我们的使命!

"人才时代"已到来

从增量经济到存量经济

改革开放40多年,中国经济发展可以粗略分为"增量经济时代"和"存量经济时代"两个阶段。

第一阶段是1978~2008年,是需求拉动增长的"增量经济时代"。此阶段中国经济形势大好,很多企业即使不懂经营和管理,也能做大规模,获得经济大势的红利。企业似乎只要能够生产出产品,就不愁卖不出去,轻易就可以获取源源不断的收入和利润。在这个阶段,规模、速度、多元化是企业的核心关注点。内部管理是否精细并不重要。

第二阶段是2008年之后,中国转向"存量经济时代",城镇化和工业化增速放缓,造成整体市场需求增长趋缓,竞争越发激烈。过去那些不注重内部管理只追求规模的企业,那些为做大规模过度使用金融杠杆的企业,那些仅靠赚取大势红利生存的企业,这时都遭遇难赢利甚至难生存的危机。特别是中美贸易摩擦和新冠疫情让企业的可持续增长面临越来越大的压力。如何调整自身以应对新时代的挑战?如何在新时代找到增长与竞争的新的成功逻辑?这是所有企业都需要解决的新问题。

时代给出了答案并做出了倾向性的选择。在"存量经济时代",越来越多的企业意识到人才的重要性，对人才的渴望也达到了空前的水平，企业家们发现唯有充分利用"人才红利"才能实现企业在新时代的突围，企业在新时代乃至可预见的未来应该倚重的不是金融资本、自然资源和政策，而是越来越稀缺的各类人才。

个体价值崛起

2014年，众多公司开始推行"合伙人计划"。自万科推行事业合伙人以来，"合伙人"一时风靡于各行各业，被大大小小的企业所追随。"合伙人计划"的背后，是将"人"作为一种资本，"人"与物质资本、金融资本一样，能够平等拥有对剩余价值的分配权，不仅如此，还可以参与企业的经营和决策，这是一种个体价值的崛起！

企业家们发现，在这个时代，"人"靠知识、能力、智慧对企业价值的创造起到了主导甚至决定性的作用，"人"的价值成为衡量企业整体竞争力的标志。人与企业之间从单纯的"雇佣关系"变成"合伙关系""合作关系"，这也体现了企业家们重视并尊重"人"创造的价值。海尔实行的"公司平台化、员工创客化"组织变革渐渐让我们看到了未来"不再是企业雇用员工，而是员工雇用企业，人人都是CEO"这样的雇佣关系的反转。

从以"事"为中心转向以"人"为中心

在人和事之间，传统的管理理论一直认为人处于"从属"地位，我们认为这是工业时代的管理思维决定的。在工业时代，因为外部环境的变化较小，不确定性不是那么强，对"事"的趋势性预测相对比较准确，外部的机会确实也比较多，人对企业发展的作用相比物质资本、金融资本确实会小一些，所以大部分企业家在企业管理上仍以"事"为中心。

但是，到了"存量经济时代"，外部环境风云莫测，不确定性和不可预测性显著上升。同时，随着个体价值崛起，人才对企业发展的重要性已经显著超过其他资本。我们发现，那些优秀企业也早已在积极践行以"人"为中心的管理战略。谷歌前 CEO 埃里克·施密特在《重新定义公司》中讲道："谷歌的战略是没有战略，他们相信人才的力量，依赖人才获得的技术洞见去开展新业务，不断地进行创造和突破，用创造力驱动公司的增长。"在国内，华为、腾讯、字节跳动、小米等标杆企业在践行"人才是最高战略"的过程中构筑了足够高的人才势能，它们通过持续精进人才管理能力，重金投入经营人才，不断强化人才壁垒，获得了越来越大的竞争优势。

很多企业家说他们缺兵少将，我们研究发现这是非常普遍的现象，而造成这一现象的根本原因是"重视人才的企业越来越多，加入人才争夺的企业越来越多，而人才供应的速度跟不上企业对人才需求的增长速度"，所以人才缺乏问题就比较严重。当今的企业在人才争夺上，面临着前所未有的挑战，我们发现那些优秀的企业都在竭尽所能地重视人，不计成本地争夺人，不顾一切地投资人，千方百计地激励人，人才正在向那些重视人和投资人的企业集聚。

所以，在新时代，企业要生存、要发展，"以人才为中心"不是"要不要做"的选择题，而是"不得不做"的必答题，否则人才将离你远去。

即使很多企业已经开始转向以"人才"为中心，但是很多企业在人力资源管理上的思维仍然停留在工业时代，存在着诸多误区。

人才管理的三大误区

误区一：不敢给高固定薪酬

纵观当下，采用低固定薪酬策略的企业通常都沦为普通企业或者昙花一现的企业，而优秀企业通常采用高固定薪酬策略。从低固定薪酬转向高固定薪酬的障碍就是中国人力资源管理转型的最大鸿沟，如图 P-1 所示。

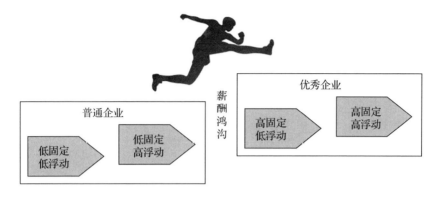

图 P-1　中国人力资源管理转型的薪酬鸿沟

误区二：以考核取代管理

这个误区的根源是长期对"以考核取代管理"路径的依赖，以及由此产生的一系列人力资源管理的做法。这种路径依赖让企业习惯基于绩效考核的结果来发放薪酬，这种薪酬发放方式自然而然地产生"低固定、高浮动"的薪酬结构。

这种路径依赖也让企业产生"雇佣兵"思维，缺人就紧急招聘，做不出业绩就没有奖金或提成，而以这种薪酬结构又极难招到优秀人才（见图 P-2）。久而久之，企业就失去了打造优秀组织能力的机会和能力，使得企业在当前和未来的新经济形势下举步维艰。

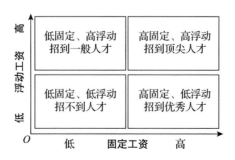

图 P-2　不同薪酬策略吸引不同的人才

误区三：以人才激励代替人才选择

激励的目的是让员工产出高绩效，很多人在研究激励，企业也在变着花样地优化自己的激励体系。然而我极少看到有企业家对自己企业实行的激励机制感到满意，那些对激励机制感到满意的企业往往不是因为激励本身，而是因为企业打造的人才队伍和组织能力。

事实上，员工的绩效在你聘用他的那一刻就已经基本确定了。我经常做一个类比：如果农夫选择了青稞种子，那无论如何精心地耕种和照料，也无法产出杂交水稻的产量。基于长期大量的观察、研究和咨询实践，我发现企业选择员工就像农夫选择种子，在选择的那一刻也就基本确定了收成。

21世纪第一竞争战略：人才领先战略

人才领先战略是什么

"人才领先战略"是一个完整的管理体系，它包含了企业成为领先企业的成功逻辑，其所要表达的核心思想就是"如果在人才方面优先投入和配置，那企业的发展将会有事半功倍的效果"。

我们认为，基于长期主义的思维，如果企业能够聚焦于人，将资源优先投入人才管理，企业就会获得成倍于同行的发展速度、成倍于同行的利润收益；随着企业规模的扩大，企业家和管理者的工作量不仅不需要成倍增加，反而会更加轻松和从容。我们把"人才领先战略"翻译成英文"talent leading strategy"，这是一个先有中文后有英文的管理学新词，在西方成熟的管理体系中还未出现过。

完整的"人才领先战略"体系包括四大部分（见图P-3）。

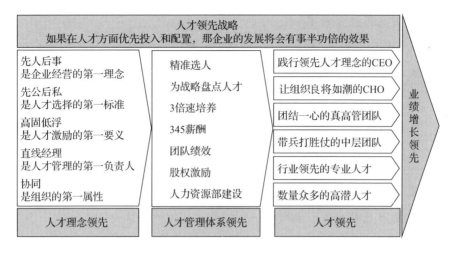

图 P-3　人才领先战略模型

1. 人才理念领先

优秀企业领先于一般企业的关键是拥有领先的人才理念和足够多的优秀管理人才。

企业家和企业高管需要摒弃陈旧的、过时的、片面的、错误的人才理念，使用符合时代特征和要求的人才领先战略的理念武装自己。

在新的时代背景下，我们为中国企业家萃取了领先的人才理念：

- "先人后事"是企业经营的第一理念。
- "先公后私"是人才选择的第一标准。
- "高固低浮"是人才激励的第一要义。
- "直线经理"是人才管理的第一负责人。
- "协同"是组织的第一属性。

2. 人才管理体系领先

为了使中国企业做大做强，我们帮助企业建立了领先的人才管理体系：

- 精准选人。

- 为战略盘点人才。
- 3 倍速培养。
- 345 薪酬。
- 团队绩效。
- 股权激励。
- 人力资源部建设。

拥有领先的人才管理体系，企业相比同行和竞争对手：

在人才选择方面，能吸引、识别并选拔出更多优秀的人才。

在人才决策方面，以基于战略的人才盘点作为公司人才决策的主要依据。

在人才培养方面，更加精准与快速地培养出公司战略发展需要的人才。

在薪酬方面，能以同样的激励成本获取更高的人效。

在绩效管理方面，能提高促进团队协作、组织协同的团队绩效。

在股权激励方面，企业要慎重使用股权激励，以"小额、高频、永续"模式让股权激励效果最大化。

在人力资源部建设方面，更能够让人力资源部走向台前，成为组织能力建设的核心部门。

3. 人才领先

企业拥有以下六个方面的人才，就做到了人才领先：

- 践行领先人才理念的 CEO。
- 让组织良将如潮的 CHO。
- 团结一心的真高管团队。
- 带兵打胜仗的中层团队。
- 行业领先的专业人才。
- 数量众多的高潜人才。

4.业绩增长领先

企业拥有了上述六个方面的人才领先就能做到：企业良将如潮！业绩增长领先！

谁能把企业做强做大

未来市场将经历洗牌的过程，在无数次给企业家讲课时，我明确说道："未来20年，一家企业如果没有进入行业前十就没有生存权，如果没有进入行业前三就没有安全感。没有进入前十的企业都会被淘汰出局。"

在供给过剩的经济环境下，每家企业都在拼命地奔跑，做强做大才能长久生存。那么谁能将企业做强做大呢（见图P-4）？

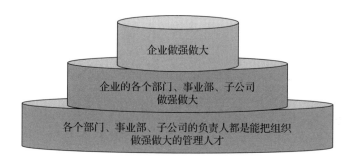

图P-4　企业做强做大逻辑模型

第一，企业做强做大，一定取决于企业的各个部门、事业部、子公司能够做强做大。企业一定不可能出现这样的情况。各个部门、事业部、子公司没有做强做大，结果企业却做强做大。这种情况不符合逻辑。

第二，企业的各个部门、事业部、子公司能够做强做大，一定取决于各个部门、事业部、子公司的负责人都是能把组织做强做大的管理人才。企业一定也不可能出现这样的情况：各个部门、事业部、子公司的负责人不善管理，不具备让自己的部门、事业部、子公司做强做大的能力，结果他负责的部门、事业部、子公司却做强做大了。这种情况也不符合逻辑。

第三，能把自己的部门、事业部、子公司做强做大的人是优秀的管理人才，他能不断从外面吸引招聘人才，他能持续在内部培养出人才，他能激励人才做出贡献，他能把人才团结到一起，实现高效协同。

第四，能把企业做强做大的是管理人才，能领导自己的部门、事业部、子公司做强做大的人是优秀的中层管理人才。

企业家面对人才管理问题时，重心是什么？从哪里入手？我的观点是："擒贼先擒王，招聘先招将；打蛇打七寸，重点在中层。"

因此，企业要做强做大，需要关注的人才是：第一，管理人才；第二，专业人才；第三，高潜人才。其中70%的重心应该在中层管理人才。

能把企业做强做大的关键是拥有数量充足的优秀中层管理人才。

为使命而写书

从第一本书《聚焦于人：人力资源领先战略》开始，我们历时数年陆续写了《精准选人：提升企业利润的关键》《股权金字塔：揭示企业股权激励成功的秘诀》《345薪酬：提升人效跑赢大势》《重构绩效：用团队绩效塑造组织能力》《找对首席人才官：企业家打造组织能力的关键》《人才盘点：盘出人效和利润》《人效冠军：高质量增长的先锋》《人才画像：让招聘准确率倍增》《3倍速培养：让中层管理团队快速强大》等一系列人才领先战略图书，2023年我们还会陆续出版《双高企业文化：让企业文化简单有效》《校园招聘2.0》等书。我们秉持每一本书的每个理念、方法、工具和案例都聚焦于人，努力向企业家详细介绍如何系统实施"人才领先战略"，为企业家指出事半功倍的企业成功路径。

曾有企业家和朋友问我："你们写这么多书的动力是什么？"我发自内心地回答说："是为了2040年的使命！"实际上，我们写书有三个动力。

让勤奋的中国企业少走弯路

多数中国企业的快速发展依赖于勤奋，但疏于效率；中国的企业家很喜欢学习，但学习的课程良莠不齐难辨好坏。近几年，中国的企业家对人力资源管理的关注热情越来越高，然而人力资源书籍要么偏重宏观理论，要么偏重操作细节，基于企业家视角，上能贯通经营战略，下能讲透落地执行的人力资源图书十分匮乏。为此，我将德锐咨询的书的读者定位为企业家。

我之所以能自信于我们德锐团队对中国企业人力资源管理的需求、痛点、难点的洞察，之所以能自信于我对全球领先企业的成功做法与实践的识别，一方面因为我在沃尔玛从事人力资源管理的工作经历，让我能够识别国内外优秀企业的共性特征。此外，德锐咨询善于整理案例，萃取精华，建立模型，撰写成书，然后向更多的企业进行推广，让更多的企业能够更方便地学习、掌握并运用先进的做法，避免经历过多的寻找、试错、再寻找的重复过程并减少浪费。

另一方面因为我们每年都会接触上千位企业家，与数百位企业家进行深度交流，我也特别重视主持和参与企业家私董会的问题研讨，这让我们接触到各种类型的企业、各个发展阶段面临的组织发展和人才管理的各种问题。这确保了我们对问题、需求有充分的了解。

我们以最广泛的方式学习、收集世界500强企业的领先做法和中国各行业头部企业的成功实践经验，也包括我们每年咨询服务的上百家企业，它们大多是各行业、各细分领域的领先企业，虽然有各自需要提升的方面，但也都有自己的优秀做法。我们利用自己快速学习、提炼归纳的优势，总结组织发展和人才管理的各种方法论。

让更多企业用上世界领先的管理方法

在写书的过程中，我反复向创作团队强调：不要保密！不要担心同行学会了和我们竞争抢业务，不要担心企业家和 HR 读懂了我们的书并且会做了，就不会找我们做管理咨询。德锐咨询要对自己的研发有自信，我们不断研究和创新，研究企业新遇到的问题，研究出行业中还给不出的解决方案，这是"人无我有"；我们还要对行业中另一种情况进行研究，比如，有咨询同行在提供咨询服务，但是理念和方法落后，对企业效果不佳，德锐咨询研究出比同行更与时俱进、更能解决企业实际问题的解决方案，这是"人有我优"。总有优秀的企业希望建立人才先发优势，用到我们领先的咨询产品；总有优秀的企业能拨开迷雾，识别出我们从根本上解决问题的系统性解决方案。以"不要保密"的开放精神去写书，是要让更多的优秀企业和想走向优秀的企业知道，德锐咨询能帮助企业找到更好的方法。

我们写书创作时秉持的宗旨是：让读者在理念上醍醐灌顶，操作上读了就会。我们坚持：总结西方管理的领先理念、世界 500 强企业的成功经验、中国头部企业的经典案例、中小企业的最佳实践，萃取其成功背后的逻辑，构建普适性模型，将应用方法工具化、表格化、话术化。

让中国人力资源管理领先世界

写书过程的艰难、痛苦只有写了书才知道。在德锐咨询的各种工作中，写书是最艰难的事情。我们过去能坚持下来，未来还将坚持下去，皆因德锐咨询的使命——"2040 年，让中国人力资源管理领先世界"。我们希望在不久的将来中国能成为世界上最大的经济体，不只是规模上的世界领先，更应该是最强的经济体，应该是人均产值、人均利润的领先。这就需要更多的中国企业成为效率领先的企业，成为管理领先的企业，成为人力资源管理领先的企业。作为一家专注于人力资源管理领域的咨询公司,德锐咨询决心承担起这一使命,呼吁更多的企业家、管理者一起通过长期的努力奋斗,不断提升中国企业的人力资源管理水平,直至实现"让中国人力资源管理领先世界"。

我们的用心得到了很多企业家朋友和读者真诚的反馈。现在,我经常会收到一些企业家、企业高管发来的信息:

"这次去美国只带了《精准选人》,深刻领悟了你的观点。"

"我买了100本你的《聚焦于人》,我把这本书当作春节礼物送给我的企业家朋友。"

"我给我的所有中层都买了你的《人效冠军》,让他们每个人写读书心得。"

"我们企业家学习小组正在读你的《重构绩效》,15个人每周读书打卡。"

"感谢李老师的《股权金字塔》,我们公司正在参考你的书做股权激励方案。"

"谢谢你们无私的奉献,《人才画像》里面写的方法、工具,是我招聘时一直在寻找却一直没有找到的,你们把这种方法写了出来,很实用!"

"以前我总以为我的一些想法是错的,看了你的书,验证了我的一些成功实践,在人才管理方面有了新的思路。我个人不太喜欢看书,但你的书我特别喜欢!我已经买了你所有的书,已经读完了9本,两个月内能全部读完。"

这些反馈让我和我的同事感到十分欣慰,这又成了我们持续写书、持续为企业家写书的动力。

为此,2019年我和合伙人团队达成一致,坚定地把持续研究、撰写"人才领先战略"的专业书作为公司一项长期的战略任务。我们已经在"十三五"期间完成了13本书的翻译和撰写。2020年底,当我们在制定"十四五"期间的规划时，也制订了一个宏伟的研究写书计划："十四五"期间写 25 本，"十五五"期间写 50 本，到 2030 年我们总计要完成"人才领先战略"系列丛书 88 本的写作。

决心和勇气

每家企业都想成为优秀企业，但并不是每家企业都有践行优秀企业做法的决心和勇气。在过去的十年中，我向上万人介绍过"人才领先战略"，很多人听到后认为它逻辑合理，但我们发现真正要践行的时候，很多企业又开始犹豫了。

为什么会犹豫？很多企业家说："周围的企业都还在用'低固定、高浮动'的薪酬结构，我要冒这个风险吗？我如果用'高固定、低浮动'"的薪酬结构，给错人怎么办？给了高薪酬人又离开了怎么办？给了高薪酬之后他依然做不出更大的贡献怎么办？公司的人力成本过高，影响经营怎么办？"甚至有的企业家说："如果我给了高固定工资，别人都托关系把人推到我这边安排工作怎么办？"之所以产生诸如此类的担心和顾虑，是因为大多数人对变化带来的风险损失进行了过多的考虑和防范，而对于已经蒙受的损失，却有着过高的容忍度。

企业家要跨越鸿沟，需要有决心和勇气。

其实企业家不缺乏决心和勇气。企业家有买地、建厂房、买设备、并购企业的决心和勇气，但这些都是没有腿、没有脑，自己走不了的：厂房坏了还在那儿待着，设备旧了还在那儿趴着，并购的企业烂了还在手中。

很多企业家缺乏的是招聘和培养人才，给出高固定工资以及让不合适的人离开的决心和勇气。因为人是有腿有脑，有主观能动性的，当对象发生变化的时候，我们就会被成功的概率所困扰。因此在人的方面，企业家要用概率思维去估量得失，不能只关注损失，更要关注获得。比如人才培养，我们不能只看培养后走的人，更应该看培养后留下来的人，看到那些已经成为栋梁、为企业创造价值的人。如果我们不培养，就很难有收获；如果我们在培养上下了功夫，即使有人走了，我们还收获了留下来的。

企业家对人要有信心，要去信任和激发人性中积极的方面，在人的方面要勇于尝试，只有勇于承担用人造成的损失，才能赢得人才战争的胜利。

为什么有些企业家缺乏分享的勇气？这是因为他们想当富豪。为什么有些企业家不敢淘汰人？这是因为他们想当"好人"。真正的企业家，应该放弃当富豪、当"好人"的想法。当真正处于企业家角色的时候，放弃这些都是轻而易举的，践行领先人才理念的决心和勇气会油然而生。

今天的"人才领先战略"能否在企业实施落地，关键看企业家面对现在的经济环境有没有决心和勇气。

德锐咨询"人才领先战略"所介绍的理念、工具和方法，都是持续优秀的卓越企业的做法，并不是大众企业的做法。但这是不是意味着德锐咨询的研究不符合大众企业的利益和需求？

每当我们问企业家"你想让自己的企业成为一个昙花一现的企业、垂死苟活的企业，还是成为优秀的企业，或者持续优秀的卓越企业"？所有企业家都说，希望自己的企业能成为行业领先企业，成为区域领先、全国领先企业，甚至成为世界领先企业，所有的企业家都怀着要打造优秀企业、打造卓越企业的情怀与梦想。所以德锐咨询为大众企业提供了如何成为优秀企业、卓越企业的领先理念、正确方法、有效工具，这正符合了大众企业的真正需求。但是，能成为优秀企业和持续优秀的卓越企业的并不多，原因就在于许多企业缺乏在人才上下赌注的勇气，没有投资于人的决心。

德锐咨询把优秀企业、持续优秀的卓越企业的做法，通过管理咨询的实践验证、分析研究，提炼、总结成图书、文章，公之于众，帮助更多的中国企业成为区域标杆、行业标杆、全国标杆乃至世界标杆，这就是德锐咨询的责任和使命。

吉姆·柯林斯的新书《卓越基因》中有这样一句话："没有伟大的人才，再伟大的愿景也是空想。"这是很多企业愿景落空的根本原因，而这和德锐咨询"人才领先战略"系列丛书所想表达和强调的思想是高度一致的。我们希望"人才领先战略"系列丛书的出版，真正能够帮助中国企业家提升人才管理能力，增加在人才上的决心和勇气，成就企业伟大愿景。

以上，是为序。

李祖滨

德锐咨询董事长

Talent Portrait

序　言

人才画像解决三大招聘难题

"你们能不能提供人才画像的问题库？"

从2015年起，德锐咨询给很多企业做精准选人的咨询项目。2017年至今，我们陆续出版了十余本人力资源领先战略系列的图书，输出"先人后事、先公后私"的人才选择理念，帮助企业提升了人才选择的意识和能力。但遗憾的是，众多企业仍陷于招聘的迷雾，屡屡遇不到、选不出理想的人才。人才选择面窄，人才标准不清晰，面试判断不准确，仍是很多中国企业招聘的痛点和难题。

如何解决？人才画像的制定及使用是关键。

早在2017年出版的《聚焦于人》中，我们就提出用人才画像精准定义人才。在2018年出版的《精准选人》中，我们对关键人才的精准画像再次展开叙述，强调"招聘工作，画像在先"。在企业内做咨询和培训时，我们也时刻强调人才画像的重要性，并明确提出："面试之前，必须制作好招聘岗位的人才画像。否则，面试就成了没有靶子的射击。"

招聘中，企业过多关注冰山上，招到的员工学历达标、专业对口，但在实际工作中却总是表现平平。大多数企业都忽略了这样一个事实——真正决定员工工作表现的因素，是冰山下的价值观、素质、潜力、动机和个性。这些因素不太容易因外界的影响而改变，却对员工的行为与工作业绩起着决定性的作用。

让我们欣慰的是，近五年来，在我们的帮助下，众多企业逐步树立起"放宽冰山上，坚守冰山下"的意识，建立了关键岗位的人才画像，掌握了有效识别冰山下素质的工具和方法。

遗憾的是，虽然我们通过咨询与培训帮助了很多企业，但相对于有需要的企业，数量还是太少了。经历过培训的面试官们，自己去建立岗位人才画像时，仍然会遇到大量问题。

- 放宽冰山上，如何设定冰山上的门槛条件？
- 坚守冰山下，如何构建人才素质画像？
- 人才画像形成之后，面试中如何精准提问？
- 使用画像面试之后，如何理性判断？

我们还发现，真正能够准确识别应聘者冰山下素质，并对这些做到精准提问和深度挖掘的企业，比例不到5%，而这5%，多数是世界500强中的外企，或者华为、阿里等国内头部企业。即便是对人才画像有接触的企业，大部分也只是停留在"知道"的层面，对于如何识别冰山下素质，仍然一头雾水。

由此，我们意识到，仍需要去做些什么，以帮助这样的企业。我们的客户和培训学员也经常问我们：

"我们非常认同识别冰山下素质的重要性，为了帮助我们更好地考察，你们能不能提供人才画像的问题库？"

"我们是否需要把这些方法和经验全盘托出？"

我们深信，企业发展的高效方式是将重心转向人才选择，这是市场拉动增长转向效益驱动增长的必然选择。我们也希望，识别冰山下素质的能力能够更快速地被更多企业掌握。

应企业的要求，2020年我们决定开始着手撰写《人才画像：让招聘准确率倍增》这本书。

在本书中，我们将咨询项目中常用的素质做成"素质菜单"，针对素质项的所有提问给出"精准提问话术"，并且对提问和追问给出关键行为的事例。这些内容，将以素质清单、十大通用岗位人才画像卡、十大高管岗位人才画像卡、十大行业关键岗位人才画像卡的形式呈现。

我们将本书定位为工具书，在整个写作过程中，我们做到了全盘托出：不只是将我们已经掌握的近500家客户的人才画像全盘托出，更对过去积累的项目经验与问题做了全面总结和深度提炼，并在此基础上进行加工和创新。

对于这样近乎自我揭秘式的坦诚，有些同事提出了这样的顾虑：

"我们的潜在客户、同行，看到这本书就能拿来即用，会不会对我们的项目产生什么影响？为了完成一本书，我们是否需要把这些方法和经验全盘托出？"

是使命，更是自信

这些潜在的风险固然存在，但是，触动我们的是那些让人惋惜的现状——大量中国企业深深陷入选人低效的巨大旋涡中，产生大量的损失，有的是不自知，有的是自知而不知如何改进。

在培训现场和咨询项目现场，我们曾无数次帮助企业计算招错人的损失，结果触目惊心。很多客户会问我们："德锐咨询有没有相应的提问模式可供参考？有没有问题库？"每次听到这些，我们都觉得有责任和使命，帮助他们降低招错人的损失，走出选人低效的旋涡。

"2040年，把中国的人力资源管理提升到世界领先水平"，这是德锐咨询的使命，我们希望真正担负起这样的使命。

近几年，我们出版的书被越来越多的人认可，得到更多培训和咨询同行的称赞，他们把相关观点用在培训课程当中，这些观点演变为他们管理咨询的参考工具和模板。每每听到、看到这些，自豪感和成就感便会从心底涌起。德锐咨询是勤于总结、擅长写书和创作的管理咨询企业，我们自创了"德锐咨询七步成书法"。我们坚守这样的信念：只要不断对人力资源方法和工具进行创新，便不必担心方法被学去。当别人学成时，我们通过研发和创新，又向前迈了一大步。只要持续地研发创新，我们就能一直走在行业的前列。

我们相信，各类企业、同行学习我们，恰恰表明了他们对我们的认可。学习我们的人，会帮助我们一起推广、验证我们的理念和方法，和我们一起成为理论的传播者——他们跟我们一起，担负起了将最新、最好的方法和工具传递给更多企业的责任。

将我们的经验、方法全盘托出，是使命和责任，更是因为自信。

解决招聘的三大难题

《人才画像》一书能解决招聘的三大难题。整本书围绕下面这三个难题展开，而人才画像是解答这些难题的关键工具与载体。《人才画像》的核心是人才画像招聘法，如图0-1所示。

- 无人可选怎么办？
- 选人不准怎么办？
- 如何识别冰山下？

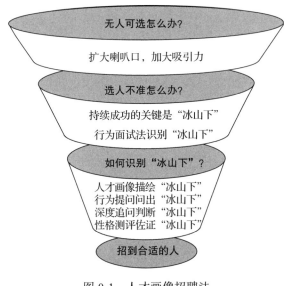

图 0-1　人才画像招聘法

无人可选怎么办

扩大喇叭口,加大吸引力。

首先是放宽冰山上,扩大喇叭口。我们都认同这样一个观点,"任何一家公司所需要的人才数量,都不会超过市场能提供的、适合该公司要求的人才数量的千分之一,关键是你能不能把人才吸引到你的公司"。很多时候,不是市场的人才供给不够,而是企业招聘时设置的条件过多,阻碍了合适人选加入企业。所以,我们要放宽冰山上的条件,但放宽不等于放弃,放宽是有原则的。

其次是拓展招聘渠道,扩大喇叭口。对大多数企业来讲,缺人已经是发展的最大瓶颈,但它们对招聘工作的重视远远不够。如果企业能用市场营销的思维去做招聘,用市场推广的方法去做招聘,像重视营销一样重视招聘,企业可供选择的应聘人员数量一定会增加。

最后是用人才喜欢的方式去吸引人才。我们总结出对于优秀人才,企业可以利用的三大吸引力:

- 第一大吸引力：三倍速个人成长机会。
- 第二大吸引力：平等、互相尊重的企业文化。
- 第三大吸引力：高于市场平均水平的薪酬。

本书第 2 章将提出堵住喇叭口的八项障碍和放宽冰山上的四个原则，从实战角度阐述如何扩大选人喇叭口。

选人不准怎么办

选人不准，一方面是因为标准不清晰或有偏差。

我们需要认识到，一个人持续成功的关键是冰山下，包括社会角色、自我形象、特质和动机，是人内在的、难以测量的部分。它们不太容易因外界的影响而改变，却对人员的行为与表现起着决定性的作用。因此，在选人的时候，我们强调关注冰山下的素质和能力，它们是一个人持续成功的关键。

选人不准，另一方面是因为未能掌握选人的方法。

即使企业认识到了冰山下素质的重要性，但是缺乏正确考察的方法和工具，仍然无法精准选到人才。在本书中，我们强调用"行为面试法"识别冰山下素质。面试官针对应聘者过去真实的行为进行提问，应聘者需要描述其过去在某个特定情境中的行为反应，以供面试官判断其是否符合岗位的素质要求。

本书第 3 章的主题是"坚守冰山下，精准画像"，着重阐述选择冰山下素质的原则及方法。本书第 4 章展示了 71 个人才画像卡，包括十大通用岗位人才画像卡、十大高管岗位人才画像卡和十大行业关键岗位人才画像卡等，并呈现出每条素质项对应的面试问题，供读者直接参考与使用。

如何识别冰山下

冰山下如此重要，如何判断与识别，便成了面试中的重中之重。

我们结合以往经验给出以下四个识别方式和途径，以环环相扣的方式，探究冰山下的真相。

- 人才画像描绘"冰山下"。
- 行为提问问出"冰山下"。
- 深度追问判断"冰山下"。
- 性格测评佐证"冰山下"。

在第5章、第6章，我们会对精准提问、深度追问和测评佐证等方法做深入讲解。拿到人才画像卡，企业该如何使用？我们会将答案一一展开。

解决了上述三个问题，那么找到合适的人，对于企业来说将成为高效、低成本的自然过程。

20年前，企业把重心放在人才激励上，推动业务高速增长。2008年之后，中国企业的增长动力已经由需求拉动型转向供给优化型，企业人才管理的重心自然转向了人才选择。

重心转向人才选择，是已经到来的未来。

真诚感谢

感谢参与写作的公司合伙人陈媛、孙克华，感谢我们的项目经理贺耀慧、程子龙，以及咨询顾问徐勇飞、陆佩。在创作期间，我们始终保持严谨认真、热情高昂的态度，对本书的全局和细节共同斟酌、讨论与推敲，彼此帮助，互相鼓励，在时间紧、任务重的情况下迎难而上，让本书顺利和大家见面。我们团队全体成员都愿意为企业家、为客户、为我们的组织带来更多的价值，这是一种毋庸置疑的使命感和责任感。

感谢合伙人刘玖锋、胡士强参与本书前期讨论，贡献智慧与经验。

他们结合十多年的行业经验和知识沉淀，给予专业支持，进一步保障了本书的专业度和可信度。

感谢和我们一起成长的客户。"真诚、专业、高效、共赢"的价值观一直鞭策着我们，我们也一直铭记于心，时刻追求和客户共同成长、持续共赢。感谢所有客户对我们的高标准、严要求，促使我们对内自省、对外开拓。

感谢机械工业出版社编辑，他们为本书的出版提供了技术保障和支持，才有了诸位面前的这本成书。

未来的我们，还会在人才选择的方向上继续探索，撰写《测评识人》《金牌面试官》《校园招聘》等书，持续分享我们在人才选择上的心得与经验，也为实现"把中国的人力资源管理提升到世界领先水平"添柴助力。

如欲了解更多人才画像或人力资源管理拓展内容，欢迎关注南京德锐咨询企业管理咨询有限公司官方网站：http://www.wisevirtue.com。

Talent Portrait

第 1 章

拿起人才画像卡

> 幸运的是,优秀的人才到处都有,你只要知道怎么去挑选。
> ——杰克·韦尔奇

在引入人才上,企业花了很多工夫,现实却让人泄气:要么望眼欲穿也遇不到一份理想的简历;要么简历有了,但面试中却发现不是企业想要的人;要么面试通过,三个月后却发现,并不是当初面试官"看到"的散发着光芒的人才。

为什么总是遇不到"理想中"的他

企业遇不到"理想中"的人才,关键原因有三,一是选择面太窄,二是标准不清晰,三是判断不准确。

原因一:选择面太窄

企业招不到合适的人,首先要思考的是,企业是否与潜在的应聘者之间构建起了畅通的接触通道,这涉及多个方面:

- 招聘渠道是否全面、有效；
- 雇主品牌与潜在应聘者之间能否产生价值共鸣；
- 在薪酬水平、员工职业发展及企业文化等方面是否有足够的吸引力；
- 在招聘的投入上是否有的放矢。

在实践中，企业往往会由于在这些方面做得不到位，从而缺少与潜在应聘者接触的机会。

招聘渠道单一

很多企业抱怨人才的稀缺，而其招聘渠道多数是老三样：招聘会、招聘网站与猎头公司。

真正优秀的人才，多数都属于"被动求职者"。他们拿着不菲的薪酬，做着有挑战性的工作，在现有工作岗位上相对稳定。企业通过常规招聘渠道根本就接触不到这类人才。拓展新兴渠道，主动出击，扩大与潜在应聘者的接触面，是企业面临的人才招聘课题。

其中，最容易被忽视也最有效的招聘渠道，莫过于内部推荐。

很多优秀企业，尤其是互联网公司，都利用"内部推荐"网罗优秀人才，如脸书、领英、亚马逊、谷歌、腾讯、微软、阿里巴巴等。谷歌与腾讯内推比例甚至超过50%，也就是说，每两个员工就有一个来自内部推荐。

内部推荐的优势在于，可以激发企业全体员工参与招聘，提高招聘效率。相比于其他方式，内部员工或其他了解企业情况的人员推荐的人才匹配度更高（见表1-1）。企业在奖励内部推荐时，需注意构建强有力的内推文化，制定人性化的奖励政策，及时反馈人才引入效果，并善于使用新兴的传播渠道。

表 1-1　陌生寻访与熟人推荐效率对比

分　类	胜任的概率	感兴趣的概率	成为真正候选人的概率	需联系的人数（人）
陌生寻访	10%	20%	2%	>110
熟人推荐	30%	50%	15%	14

资料来源：费罗迪. 关键人才决策：如何成功搜猎高管［M］. 徐圣宇，康至军，译. 北京：机械工业出版社，2014.

除了内外部推荐，一些新兴的招聘渠道也应该被重视。

各类社群、公众号、视频网站、论坛社区等都是很好的渠道，只要有人才活跃的地方，就可以作为招聘的窗口（见图1-1）。

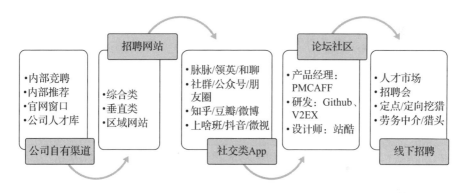

图 1-1　招聘渠道多样化

从职位的选择上来说，综合性的初中级岗位，如人事、行政、财务、销售、客服等，可采用智联招聘、前程无忧以及中华英才网等传统渠道。大批量的基层岗位，如流水线操作工、服务业人员，可采用58同城、中劳网、工人招聘网等特定渠道。对于专业性比较强的岗位，如技术开发人员、设计人员、产品经理等岗位，可采用拉勾网、BOSS直聘、知乎、论坛社区等垂直渠道或专业人才聚集社群。中高级管理或专业岗位，则可以考虑猎聘网、举贤网、智联卓聘等专门平台。

做强内部推荐，拓展新兴渠道，深挖常规渠道，充分利用网络力量，这是企业做好人才渠道的关键。

用运营的思维做招聘，才能更有效率地招到合适人才。

忽视雇主品牌

雇主提供的功能性利益，即所谓的价值主张，要与潜在应聘者的需求进行匹配，匹配度越高，雇主吸引力就越大。

越来越多的潜在应聘者，尤其是具有一定工作经验的人才，在求职理念上已经发生了变化，从过去简单地找"工作"转变为寻找"优秀的雇主"，他们不是简单地关注工作环境、工作内容与报酬的匹配度，而是越来越关注自我价值的实现、企业文化的和谐度，以及企业是否具有良好的社会形象等。《财富》每年针对美国企业经营者进行"最让人尊崇的公司"评选，调查时发现，沃尔玛、微软、戴尔等公司因拥有良好的雇主品牌形象，进而吸引与留住与其理念相同的人才（见表1-2）。

表1-2 标杆企业雇主品牌价值主张

标杆企业	雇主品牌价值主张
沃尔玛	"尊重个人，服务顾客，追求卓越，诚信行事"（文化精髓）
微软	"天才实现影响世界梦想的自由天地"
戴尔	"你茁壮成长，我们茁壮成长"
麦肯锡	"为著名机构提供智慧的精英俱乐部"
美国西南航空	"自由从我开始"
花旗银行	"一份没有不可能的事业"

关注雇主品牌的建立，企业可以重点做到如下几个方面：

（1）提炼雇主品牌价值主张，即企业能够为员工提供怎样的价值。例如，某科技金融企业为体现领先的行业地位，用"中国唯一的科技金融领域的独角兽企业，成为游戏规则创造人"这样的语言，吸引对该行业感兴趣的人才。

（2）利用社交媒体传播雇主的品牌形象和企业文化，扩大与潜在应聘者的接触面。

（3）让每一个员工成为企业的品牌大使。不是强硬地要求员工执行命令，而是基于企业制度的贯彻实施和文化的落地，真正落实员工的职业发展和各项激励，提升员工敬业度，让员工自发成为公司的宣传代言人。

人才吸引力不够

"栽下梧桐树，才能引来金凤凰。"

人才吸引力一般包括三个方面：一是有竞争力的薪酬，二是有成长感的职业发展，三是有归属感的企业文化。其中，最基础却最关键的是"有竞争力的薪酬"。

领先的薪酬吸引领先的人才，创造领先的利润。很多企业总想着用最少的钱创造最大的价值，但在吸引人才这件事上，高投入才能有高产出。有些企业认为自己还在初创期、生存期，没有资源提高薪酬竞争力，初创企业至少要在关键岗位上保持薪酬竞争力，或者用好股份期权的杠杆效应。薪酬激励不到位，在企业发展前景和文化上做再多的宣传，也会让应聘者解读为"画大饼"。

在有竞争力的薪酬的基础上，职业发展机会和开放融洽的企业文化才能更好地发挥作用。

招聘投入不足

很多企业一边抱怨无人可用，一边在招聘的投入上锱铢必较。

"校园招聘，费事费力，也不一定能招到，还是不搞了；招聘渠道，能用免费的就不用收费的；岗位说明，随便从网络上复制一个，省时又省力。"业务管理者，一边抱怨着无人可用，一边将人力资源部安排的各种招聘活动视作负担，认为招聘是人力资源部的事。

平时投入不足，人才紧缺时紧急招聘，很可能要花费更多的成本。在紧急招聘状态下，企业往往很难有耐心进行精准识别，不合适的人进入的机会加大，导致后续一系列的业务损失或离职损失。招聘上充分投入，确保招到的是合适的人，后续的激励和培养就能事半功倍。

加强对招聘的投入，首先应当是意识上的转变。企业一把手要重视在招聘上的资源投入和在关键岗位人才招聘上的时间投入，业务负责人要重视在招聘面试时间和面试能力提升上的精力投入，而人力资源部，要基于公司发展需要构建高效运转的招聘体系，并赋能管理者。只有三方共同努力，企业才能在招聘上有的放矢，提升效率。

原因二：标准不清晰

有了选择的空间，想招到合适的人才，还依赖于企业的用人标准足够清晰。在人才标准上，企业常犯以下四个方面的错误。

只看冰山上，一叶障目

A 公司是一家医疗设备研产销一体的企业，近两年，市场环境变化带来了前所未有的发展契机。老板意识到，支撑业务大幅增长的关键是人才，尤其是中高端研发和销售人才。但是老板对公司人力资源部近期招聘的人才质量很不满意，要求人力资源部做出整改。

人力资源部认为老板不满意，肯定是经验、学历、年龄上的标准不够高，所以对销售代表招聘标准的改进聚焦在如下方面：

（1）30 岁以下，本科以上学历，医疗用品或设备相关专业；

（2）5 年以上百亿元规模医疗企业销售经验，其中 3 年以上团队管理经验，有从事渠道开拓、大客户开拓等综合营销经验；

（3）曾独立负责过千万元级销售订单的拓展和客户关系维护项目；

（4）拥有广泛的客户资源。

可以看出，上述用人标准均为冰山上的条件。冰山上的条件一般偏向硬性标准，如专业限制、学历限制、年龄限制、大厂经验限制、工作年限限制等。这些条件让人才引入的喇叭口持续缩小，可选之人凤毛麟角，即使有，也要价颇高。真正符合众多苛刻标准的优秀人才，一般都是被动求职者，只有遇到明显更有吸引力的发展前景和薪酬，才有可能更换东家。但是如果公司自身的薪酬竞争力本来就不高，那就更没有主动选择人才的余地了。

只看冰山上，是招人的"懒惰思想"在作祟。冰山上的标准容易考察，而冰山下的特质往往很难挖掘和判断。冰山上的经验、技能可以拿来即用，但是对人才长远发展和业绩提升起到关键作用的能力、素质和价值观，却需要时间转化为行为表现与业绩产出。

严把冰山上的标准，看似坚守了选人的底线，实际却是一叶障目。

标准多而全，脱离实际

很多企业在招聘重要岗位时，往往怀有一种美好的愿望，希望应聘者既能"带兵打仗"，又能"吟诗作赋"。

如果企业从成本控制和业务需要的角度出发，设定关键性的标准，也无可厚非。但现实中，出现的往往是那些想要彰显光辉形象的企业，提出超实际需求的高标准。

全部条件都满足的"理想精英"少之又少，这样全面、细致的要求，让那些符合部分标准的潜在应聘者望而却步，企业在无形中错失了很多选人机会。

如果能够招到复合型人才，对企业来说当然是提高人效的制胜法宝。但是复合型人才更多依靠企业内部培养，在外部招聘时，企业要关注的是拥有高潜力、能够有很大成长空间的人才。

业务不相关，白费力气

B公司是一家软件公司，因为公司业务日益壮大，尤其是对政府服务的业务规模逐渐扩大，客户接待工作日渐增多，急切需要招聘一名行政助理。行政经理认为，这个人主要负责接待，一定要年轻漂亮，而且要懂各项待人接物的礼仪，最好有一些艺术气息，学历肯定要高，还要会外语。于是人力资源部很快在智联招聘等招聘网站上注册账号，并发布了招聘公告，内容如下：

（1）本科及以上学历；

（2）形象气质佳，25岁以下；

（3）国内名校毕业；

（4）精通一门外语；

（5）会一门乐器，拥有插花师资格认证的优先。

信息发布两个月后，终于遇到了一个各方面条件都匹配的人员，人力资源部迫不及待地发offer。

该应聘者国内211高校毕业，形象气质均不错。但是入职不到1个月，行政经理发现该员工在与人沟通上不注意方式方法，敏感且固执，其他部门颇有意见。为了避免在客户接待方面出现大的问题，行政经理尝试与其沟通反馈，但效果不理想，不得已，只能与其协商解除劳动关系。

该公司在标准的制定上，只考虑了外在标准，未考虑到与岗位相关的基本素质。做好行政管理的工作，除了形象气质因素，重点应考虑沟通协调能力、快速执行能力以及敏锐察觉问题并解决的能力，而这些匹配的标准都在选人时被忽视了。

标准不统一，难成共识

D公司是一家室内装潢设计公司，需要招聘一名设计经理。这是公司的核心岗位，人力资源部按照一般的设计经理的要求，在各大招聘网站发布了需求，同时还组织参加了地方的人才招聘会。经过半个月，一共收到了数百份简历。人力资源部初步筛选出了200多人，其中电话面试了100多人，公司现场面试了20多人。

在选人期间，人事总监和设计总监的评判标准相去甚远。人事总监认为，这个岗位应该具有更高的管理和协调能力，而设计总监则坚持认为要业务能力一流才能服众。为此，双方产生了多次争执，导致面试选拔的周期过长，前后一个多月的时间，三位最终入围者中两位已经找到了其他工作，另外一位也婉拒了邀请。双方都认为是对方的问题导致招不到人。结果该关键岗位出现长达九个月的空缺。

招聘标准不统一，会严重降低招聘的效率。究其根源，在于企业自身没有投入足够的时间和精力来组织相关人员共同讨论并制定精准的人才标准。

原因三：判断不准确

标准不清晰，自然就无法对照标准做出准确的判断。

有些企业建立了标准，有冰山上的，也有冰山下的。但能否用好标准做出判断，与面试官的面试方法和水平密切相关。很多经验丰富的招聘人员，也未能真正掌握精准面试、精准判断的方法。

提问不精准

面试官需要判断一个人是否具备相关能力，是否适配相关岗位，是否与公司的文化相契合，是否能够对公司的未来发展做出贡献。

仅仅通过半个小时到一个小时的面试交流，就将简历上的平面形象转化为更清晰直观的立体形象，非下一番功夫而不能得。在现实中，面试官往往无法充分利用这宝贵的时间，低效甚至错误的发问难以获得充分、精准和有效的信息，面试官基于不充分的信息做出判断，很有可能使企业要么错失一位潜在优秀人才，要么引入一位能力平庸者甚至是具有破坏力的"独狼"。

常见的错误提问一般有三类：

（1）封闭式问题。封闭式问题，是指在提问中给应聘者回答问题的空间非常有限，一般是给几个答案来选择，导致面试官获取的有价值信息也受限。

"你平时是通过自己看书学习，上网课学习，还是向他人请教呢？"

这个问题的本意是想考察应聘者的学习能力和学习意愿，但是问出这个问题，也许给了应聘者思考的路径——"学习要从这三个方面考虑"，从而打破了应聘者自己思考的框架。也许他还有其他的方式，或者他根本没有考虑到"上网课学习"这个方式等。

封闭式提问的最大问题就是会限制应聘者的思维和信息提供，从而影响对其能力的判断。

（2）假设性问题。假设性问题一般以"如果""假如"等开头，即模拟描述一个场景中存在的问题，让应聘者给出解决方案。

在假设性情境下，应聘者只能根据过往经验和假设条件来给出推理性的解决方案。面试官也只能推测其是否具有相应的思考能力，无法判断其是否真正有能力解决类似问题。应聘者能力的展现更多应该在具体的、实际发生的事例中，而不是想象的情境中。

（3）认知类问题。认知类问题一般以"你怎么认为……"或"你认为……"开头，得到的更多是应聘者的观点、想法和意见等方面的信息，而非他实际的行为和经历信息。

认知并不能代表行为，我们说某个人"说一套做一套"，其实就是想说某个人的行为未能与其认知一致。现实中，知行合一并不容易。

还有的面试官在面试提问中有一些特殊的偏好，比如问星座、血型，以此来判断对方的特点，或者喜欢通过问爱好来判断应聘者是否具有某种素质。采用这些提问方式，多数是因为未能掌握有效的提问、判断方法而采用的权宜之计，即便获得了一些信息，往往也无助于做出精准判断。

追问不深入

判断的前提是有充足的有效信息，但是很多面试官在面试的时候，只是提问，缺乏追问的意识和技巧。没有追问或追问过浅，都很难获取有效信息。图1-2展示了追问深度的对比。

场景1：忽略追问

面试官：请举个例子，你曾经主导完成的最具挑战性的工作任务是什么？
应聘者：在校期间，我成功带领团队参加了商业模拟大赛，取得了第一名的成绩。
面试官：取得了第一名，那挺厉害的嘛。
应聘者：还可以。

场景2：追问细节

面试官：请举个例子，你曾经主导完成的最具挑战性的工作任务是什么？
应聘者：在校期间，我成功带领团队参加了商业模拟大赛，取得了第一名的成绩。
面试官：这个比赛是什么级别的比赛呢？
应聘者：哦，是学院级别的。
面试官：参赛的团队有多少个？
应聘者：好像一共是十六七个。
面试官：那得奖的有多少个？
应聘者：一等奖三个，二等奖五个，三等奖六个。
面试官：你的团队有几个人，你在其中担任什么角色？
应聘者：一共五个人，我是副组长，负责统筹大家的时间，以及收集部分资料。
面试官：那这个过程中，对你来说最有挑战性的是什么？
应聘者：可能就是收集资料吧，以前没怎么做过，我们比赛涉及的主题相关资料比较少。
面试官：那你是怎么解决这个问题的呢？
应聘者：我主要跟我们团队成员讨论，看看他们都是用的什么渠道。
……

图1-2　追问深度对比

在上述两个场景中，面试官的提问目的是考察应聘者的领导力。在场景1中，面试官浅尝辄止，没有进一步追问具体信息，仅凭应聘者"得了第一名"，就认为其具有带领团队取得突破性成绩的能力。然而，通过场景2中的层层追问，面试官了解到，比赛的等级并不高，得奖也并不是特别难，而且应聘者在实际任务中只是统筹时间和收集资料，收集资料的途径也不是自己思考独立解决的，根本无法有力地证明其具有较强的领导力和卓越的交付力。

所以，面试提问只是开启话题，锚定精准获取信息的场景，而追问才是获取信息的关键。

持续成功的关键是"冰山下"

"冰山模型"（见图1-3），将个体素质按其不同表现划分为表面的"冰山以上部分"和深藏的"冰山以下部分"，是美国著名心理学家麦克利兰于1973年提出的表示胜任力的模型。"冰山以上部分"包括知识和专业技能，是外在表现，是容易了解与测量的部分，相对而言也比较容易通过培训来改变和发展。"冰山以下部分"包括综合能力、价值观、特质和动机，是人内在的、难以测量的部分。它们不太容易通过外界的影响而得到改变，却对人员的行为与表现起着关键性作用。

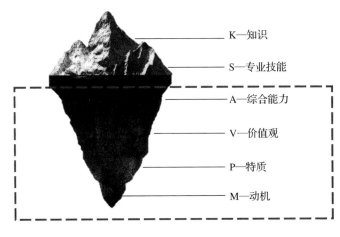

图 1-3　冰山模型

冰山模型的具体含义如表1-3所示。

表 1-3　冰山模型释义

素质类别	定　义	内　容
知识	对特定领域信息的了解	管理知识、财务知识等
专业技能	能完成某项工作或任务，把事情做好所具备的能力和行为	软件开发技能、外语能力、设备操作技能等

（续）

素质类别	定 义	内 容
综合能力	自我认知、态度、素质、行为模式、自我形象等	沟通能力、协调能力、学习能力等
价值观	认定事物、判定是非的思维取向	诚信正直、合作意识、全局观等
特质	一致、持续且稳定的行为特质、个性、潜力等	坚韧、思维敏捷、自信乐观等
动机	内在自然且持续的想法和偏好，驱动、引导和决定个人行动	成就需求、人际交往需求等

表1-3中的知识和专业技能大部分与工作所要求的直接资质如学历、经验、技能等相关，我们能够在比较短的时间内使用一定的手段进行评价，比如查看简历、考察资质证书、现场提问、知识技能考试等，这些素质也可以通过培训、训练等方式得到提升和改善。

但是具备冰山上的素质只能说明能做、会做某项工作，而能否真正做好，持续做好则考验的是其冰山下的素质，尤其是那些层次较高的管理和专业技术人员。他们所面临的组织内外部环境更为复杂和易变，而知识技能相对固化，解决的往往是特定场景中的具体问题。当环境发生变化，问题越发呈现多样性，依靠更多的是冰山下的素质，比如思维的活跃敏捷，能够快速基于不同情境匹配相应的解决方案；比如坚韧抗压，在困难情境下的沉着冷静和突破力；比如成就动机，对更好结果的追寻和不放弃。

而其中最关键的是价值观，一个人的能力、动机越强，越要考察其价值观与公司的匹配程度。价值观不匹配，破坏力可能巨大，这也是为什么阿里巴巴、京东把这类人称作"野狗""铁锈"。冰山上的素质，更容易影响人的短期成功，而从长期来看，在不确定性增加的情境下，冰山下的素质则发挥着更重要的作用，如图1-4所示。

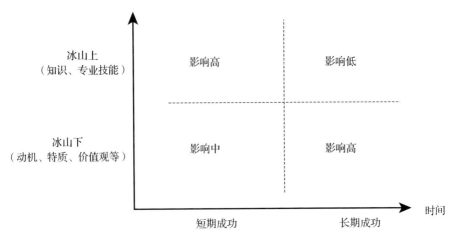

图 1-4　冰山上下素质对长短期成功的影响

识别"冰山下"素质的四大关键

首先,用人才画像描绘冰山下的素质,不同岗位、不同层级的人员,其冰山下的素质要求有所侧重且精准。

其次,用精准提问锚定考察冰山下素质的最佳场景。冰山下素质往往在一些特定的情境下才能够被考察到,比如全局意识要在利益冲突的情境下考察,解决问题能力要在困难情境下考察等。考察的方式一定要用行为而不是认知,过去的稳定行为才能够预测未来。

再次,要在提问场景确定的基础上进行深度追问。从多个维度获取具体信息,如时间、难度、频次、主动被动等,信息获取得越具体,越有助于判断应聘者是否具有相应的素质和能力。

最后,为面试判断再加一层保障,那就是性格测评,性格测评与冰山下素质有较强的相关性,通过性格测评来辅助佐证,能够提高判断的准确性。

识别冰山下素质的这四个关键也是德锐咨询精准选人体系(见图 1-5)中的重要环节,大多数公司都会采用背景调查、经验判断、直觉判断,但是往往缺少精准画像、精准提问、深度追问和性格测评,只有在这四个方面夯实基础,其他甄别环节才能真正体现出价值。

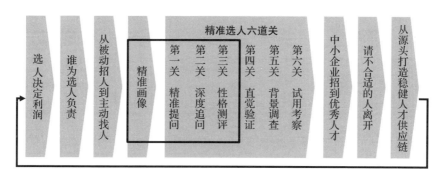

图1-5 德锐咨询精准选人体系

人才画像描绘"冰山下"

在刑侦类影视剧中,某位刑警在勘察了犯罪现场并与目击证人沟通后,很快就概括出犯罪嫌疑人的基本特点。

"男性,年龄25岁左右,身高180~185cm,体态微胖,性格内向,不合群。"

这是通过现场的特点和人们的描述概括出的犯罪嫌疑人的生理特征、心理特征,也就是他的"犯罪心理画像"。

同样道理,人才画像是在实施人才招聘之前,根据岗位的特性与工作需求,描绘出目标人才的各类特质。通过这些特质,将招聘范围聚焦在某一类人身上,集中优势资源,采取针对性的策略和行动。

人才画像既包括冰山上的条件,也包括冰山下要求的素质。

但冰山上和冰山下绝不能想当然地构建,而要遵循一定的原则和方法,既要避免冰山上条件设置过多而让可选范围变小,又要避免冰山下素质设置偏颇而导致判断失真,尤其要重点明确关键岗位的人才画像（见表 1-4）。

表 1-4 关键岗位的人才画像

行业	关键岗位	冰山上	冰山下		
			管自己	管他人	管任务
医药健康	药品研发工程师	1. 本科及以上学历 2. 医药等相关专业	责任担当 成就动机 坚韧抗压	团队协作	钻研探索
	医药代表	1. 大专及以上学历 2. 医药等相关专业	诚信正直 坚韧抗压	说服影响	市场敏锐
	质量经理	1. 本科及以上学历 2. 有 5 年及以上产品生产、质量管理经验	责任担当 坚持原则	团队管理	风险管控
	质量管理工程师	1. 本科及以上学历 2. 医药等相关专业	责任担当 坚持原则	团队协作	精益求精 严谨细致
	GMP 认证工程师	1. 本科及以上学历 2. 医药相关专业 3. 有 3 年及以上医药行业从业经验	责任担当	沟通协调	组织推动 分析判断 严谨细致

行为提问问出"冰山下"

冰山下的素质很难被直观评价和判断，要通过人的具体行为展示出来。企业在面试的时候，需重点针对应聘者过去真实发生过的行为进行提问，即要求应聘者描述其过去在某个特定情境中的行为反应，来判断其是否符合岗位的素质要求。

行为面试的基本假设是：通过一个人过去的行为可以预测这个人将来的行为。

行为提问的关键有两个方面，一是特定情境，二是行为反应。

冰山下的素质只有在特定或极端的情境下才能凸显出来。比如，解决问题的能力需要在困难情境下考察，沟通协调能力需要在人际冲突情境中考察等。所以面试提问一定要将场景限定在特定或极端的情境而非一般情境下。有时候面试官更倾向于问应聘者在一般情境下的行为反应，比如：

"你们一般是怎么做项目管理的？"

"你们产品开发的流程是什么？"

"你一般是怎么撰写分析报告的？"

这样的问题只是在考察对方知不知道、了不了解，以及会不会做，属于技能层面的提问，对方回答的很可能是原单位既定的工作流程，与他个人能力的发挥毫无关系。如果面试官想了解竞争对手业务方面的某些信息，也可以问这些问题，但是如果这样的问题占据了面试的大部分时间，面试官将会失去判断该应聘者真实能力的机会，或者错把应聘者所在的平台的能力当作个人能力。

而对于行为反应上的提问，面试官要事先明确什么样的行为才会印证相应的素质，在提问中最好直截了当地表达出来，以提高提问的精准度和回答的效率。比如想要考察应聘者是否足够"聪慧敏锐"，"请分享一个你比其他人更快发现问题的本质并提出解决方案的事例"显然比"你遇到过的最紧急、最困难的事情是什么？你是怎么处理的？"来得更直接。

深度追问判断"冰山下"

如果只有提问，没有追问，应聘者可能会很快给出一个听起来还不错的答案。比如"请分享一个由于工作或学习需要，你快速掌握一项有难度的新技能的事例"，应聘者可能会说："因为写论文的需要，我学会使用了一个数据统计与分析的软件。"这个时候，如果你就此判断这个人学习能力还不错，那可能就是误判的开始了。

学习能力要从学习内容本身的难度、花费的时间、学习的方法和途径来考察，要想判断这个人学习能力到底强不强，至少还需要问他花了多长时间来学习，一般学这个东西大概需要多久，采用了哪些学习的方法，学完之后效果怎么样，掌握的程度如何，论文中哪些环节是因为这个方法而产生什么样的效果等。缺乏这些信息的支撑，很难说这个人学习能力很强。

另外，很多人在面试前会做模拟准备，尤其是很多所谓的"面霸"，已经掌握了很多面试的套路并制定了相应的应对策略，在这样的面试下，如果不进行更细节的追问，就更难判断其真实能力。深度追问会涉及很多细节，倘若应聘者添油加醋，很可能出现前后矛盾，需要编造更多的"油"与"醋"，进而会出现慌乱、不能自圆其说的场面，而真正有过类似经验或者能力的人，能够把自己亲身经历的事情有条不紊地表达出来，能力高低也自然能被判断出来了。

深度追问重点关注 STAR 四个环节，是对从事情的背景到结果一系列过程进行考察。

情景（situation）：当时任务所处的情景、背景或情况。

任务（task）：接到了怎样的任务，任务目标是什么。

行动（action）：你当时是怎么做的，做出了哪些努力，遇到了哪些困难。

结果（result）：上述行为带来了怎样的结果。

性格测评佐证"冰山下"

在面试的过程中，为了确保对冰山下素质的判断更加可靠，还可以通过性格测评结果予以佐证。因为性格特质本来就是冰山下素质的重要组成部分。

性格测评最早见于第一次世界大战，被用来预测哪些士兵更容易罹患"炮弹休克"。今天，性格测评已经被广泛应用于企事业单位的人才招聘和选拔。管理者也越来越依赖性格测评，将它作为优化员工的工具，因为其应用在绩效预测上准确度相对更高，且成本更低（见图1-6），应用在管理上也更加便捷。

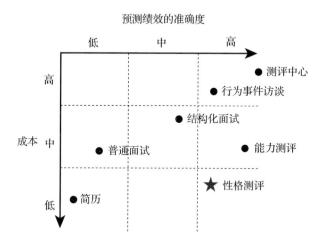

图1-6　性格测评在绩效预测上的应用

资料来源：基于Schmidt和Hunter（1998）的研究。

然而在招聘实践中，很多企业要么不重视性格测评，要么过度依赖性格测评，将测评结果作为决定性的参考依据而忽视与应聘者的沟通交流。

在人才招聘过程中应正确使用性格测评工具，应当将其作为面试环节的重要参考，而非决定性的判断依据。在面试过程中，主要还是依靠行为提问和追问来获取信息，进行判断，同时结合性格测评结果予以佐证。在某项素质（如分析判断能力）上，可以通过应聘者过往对某些复杂性问题的分析过程来进行考察判断，同时也可以在性格测评报告中直观地看到"分析性思维"的得分，如果测评报告结果与面试考察结果一致，则能帮助企业快速判断；如果不一致，则重点应该在面试中进一步深挖，以防高估或低估。所以性格测评的作用只是"佐证"而非"决定"，最终还是需要行为面试来提高判断的准确性。

用好人才画像卡，找到合适的人

基于统一的人才画像和科学的面试提问、追问的方法，能够极大地提升企业招聘选人的效率。

那么是否存在一种工具，能够让企业一目了然地知道，对某些岗位要考察哪些素质，需要通过什么提问方式来考察呢？这里就给大家介绍人才画像卡（见表1-5），企业可以通过建立人才画像卡，把人才画像和面试提问结合起来，在面试过程中有的放矢，提高效率。

表1-5 人才画像卡

岗位名称	财务经理	
冰山上（学历、经验、技能）	1. 三年以上财务相关工作经历 2. 本科学历	
冰山下（价值观、素质、潜力、动机、个性）	**考察项**	**精准提问话术**
	坚持原则	1. 请分享，你不顾得罪人而把事情做正确的事例
		2. 请分享，你成功抵挡外部较大的诱惑，维护公司利益的事例
		3. 请分享，你克服压力和阻力，拒绝执行的一项违反原则的事例
	全局意识	1. 请分享，你为了实现公司整体利益而在部门利益或个人利益上做出让步的事例
		2. 请分享，你工作内容已经非常饱和的情况下，依然接受组织更多任务安排的事例
		3. 请分享，你比其他人更充分地从整体和全局角度出发，做出决策的事例
	团队管理	1. 请分享，你将士气低迷的松散团队打造成高绩效团队的事例
		2. 请分享，你成功扭转团队当中不良习气的事例
		3. 请分享，你克服困难，带领团队完成得最成功的一次任务
	严谨细致	1. 请分享，你发现某个细节问题，为公司挽回损失或创造额外价值的事例
		2. 请分享，你比别人更早发现某项工作错误的事例
		3. 请分享，你在同一时间，准确无误处理多项琐碎工作任务的事例

（续）

岗位名称		财务经理
冰山下（价值观、素质、潜力、动机、个性）	目标导向	1. 请分享，你比别人更清晰地理解和把握目标，组织资源和力量实现目标的事例
		2. 请分享，你克服困难或抵制诱惑，坚定目标并达成的事例
		3. 请分享，你从最终目标出发，灵活调整策略达成目标结果的事例

建立统一的人才画像卡，能够帮助企业统一面试标准，提升面试效率，并且在持续的实践中提升企业整体面试水平，最终帮企业招到合适的优秀人才（见图1-7）。

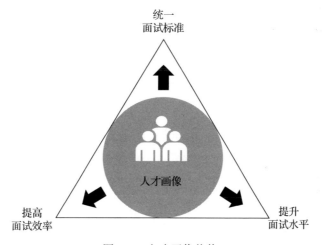

图1-7 人才画像价值

统一面试标准

通过人才画像卡，我们可以实现千人一面。

具体来说，人才画像的制作，能够有效解决人才招聘中的标准不清晰、标准不统一等问题。人才画像的制作过程中，岗位需求部门和人力资源部等各相关部门参与，画像的制作既要参考通用的标准，又要根据企业的实际情况进行微调。一旦画像制作完成，统一了面试标准，各部门的相关人才共识也就达成了，也能极大地提高最终人力资源部招聘时的效率，防止人力资源部招聘的人才不符合业务部门要求，招来的人没干两天就觉得不适合，迅速离职等问题。

此外，通过人才画像卡的话术提示，可以将面试问题和追问规范化，可以让新手面试官也能游刃有余，掌握科学统一的方法和标准，既提高了面试的专业性，也提高了面试的公平性。

提高面试效率

面试官统一采用人才画像卡来面试，从短期收益来说，可以提高面试官的有效问题量，减少面试官不知道问什么、错误的提问、不精准的提问以及闲聊式的提问，从而减少提问时间的浪费，也减少了无效回答的时间浪费，在有限的时间里，让面试官获取更多真实有效的信息，从而帮其更精准地判断。

从长期收益来看，精准面试筛选的员工，可以降低招错人、用错人的风险，这个风险既包括业务上的损失，也包括机会成本，更包括不胜任而离职的离职成本。通过制作人才画像，实现精准识人，也有利于人才进入后的人岗匹配和人才发展路径规划等后续工作的展开，实现人尽其才。精准面试使得招来的新员工能够胜任岗位的工作，同时也能符合个人的发展要求和预期，既招得来，也留得下。

提升面试水平

人才画像卡是专业化、表格式的操作指南，一个新手面试官，经过相关的培训，借助人才画像卡这一专业工具，也能在短时间内，通过训练掌握挖掘冰山下素质的方式和方法，成为面试高手。人才画像卡广泛而长期的使用，会将这种能力快速复制，让企业的核心管理人员和专业 HR 人员均具备较强的面试能力。

企业在拿着岗位说明书，苦苦寻求人才而不可得时，需要看看手里拿的到底是不是能够指明方向的人才地图。岗位说明书是对岗位职责的描述，而人才画像卡则是匹配岗位说明书的人才标准，拿着人才画像卡来做招聘，能够让企业在人才选择的道路上，思路清晰，方向明确。

招到合适的人

基于以上内容，我们形成了能够帮助企业招聘到合适人才的人才画像招聘法（见图0-1）。企业要在渠道上扩大喇叭口，加大吸引力，重视雇主品牌、薪酬、员工发展和企业文化方面的建设，以保证有人可选。对可选范围内进行精准识别，前提是要重视冰山下的素质，建立人才画像，同时采用行为面试法识别冰山下素质。具体方法为用人才画像描绘"冰山下"，用行为提问问出"冰山下"，用深度追问判断"冰山下"，用性格测评佐证"冰山下"，最终选拔到最合适的人才。

■ 关键发现

- 在招聘渠道选择上，内部推荐的效率和质量更高。
- 有竞争力的薪酬、有成长感的职业发展和有归属感的企业文化是吸引人才的关键。
- 企业招到合适的人的前提是设置精准的人才标准和采用科学的面试方法。
- 持续成功的关键是冰山下素质。
- 用行为提问，用细节追问，用性格测评佐证是精准判断的前提。
- 人才画像卡能够帮助企业统一面试标准，提升面试效率，提高面试水平。

Talent Portrait

第 2 章

放宽冰山上，扩大喇叭口

对于有潜质、价值观一致的员工，
我们奉行长期主义，不着急，慢慢来，
给予其充足的成长时间。
——张磊，高瓴资本创始人

堵住喇叭口的八项障碍

企业 HR 抱怨"招人太难了，仅是遇到合适的应聘者都很难"，同时，很多优秀人才却在为找到合适的工作而奔波。

造成人才与企业未能匹配的原因，往往是企业过度强调学历、技能和工作经验等，过多设置门槛指标，很多优秀人才一开始就被拒之门外。

"大海捞针"的总裁助理

新林公司是一家提供环保产品的公司，经过创始人团队近七年的艰苦创业，企业已初具规模，并进入快速发展期。随着业务的不断铺开，人员也急速扩张，核心层决定整合现有团队，进行集团化运营。考虑到当前企业人力资源管理能力较为薄弱，企业创始人王总找到了我们，进行为期半年的人力资源托管服务，同时为其提升人力资源对业务的支撑能力，以期在半年后培养出一支出色的团队。

由于该企业集团化运营不久，又处在快速发展期，各个部门人员都比较紧缺，在我们接管人力资源部后，首要工作便是招聘，在梳理以往公司招聘需求时，一则被企业重点强调的招聘信息引起了我们的注意：

招聘岗位：总裁助理

薪资范围：8000～10 000元/月

工作地点：江苏南京

招聘条件为：

（1）女士；

（2）身高170cm以上；

（3）年龄在28～32周岁；

（4）国内211/985大学毕业；

（5）硕士学历优先，若非常优秀，可放宽至本科；

（6）形象气质佳；

（7）2年以上行政管理工作经验优先；

（8）有环保行业背景优先。

针对这个比较重要又紧急的"总裁助理"岗位，人力资源部联动其他部门，内部推荐及各类招聘渠道一并发力，前前后后只搜集到八份看起来合适的简历。进一步沟通，这几位应聘者对于薪资、工作内容颇有顾虑。

自这个岗位启动招聘，到我们开始接管人力资源部，已经过去半年有余，没有合适的人入职。

后来，跟随总裁创业多年的人力资源部经理解答了我们的困惑："总裁在创业前，曾经陪同他的领导到北京某大型国有集团学习，看到某集团总裁助理的职业形象和接待风范，深觉这才是好企业成功的重要标志之一,因此后面自己创业做出一定成绩后,就按照这位总裁助理的模板,想寻找一位这样优秀的人才,这也成为他的一种执念。就算长时间招聘不到,总裁也一直不肯放宽标准,这个岗位的用人就成了全集团的一块'心病'。"

鉴于这个岗位相对重要且紧急,我们决定试着说服王总,放宽硬性条件,扩大可选范围。但王总一开始并不同意,多年执念非一朝可以改变。我们决定用数据说话。

基于各项招聘条件,通过人口数据进行统计与分析,结果显示,在全国就业女性中,满足前五项条件并能够接受在南京发展的人才,不足3000人(见图2-1)。若还要进一步要求形象气质、行政管理工作经验和环保背景,其可选范围可想而知。

即便找到了这样一位"天选之子",但8000~10 000元/月的薪资条件和雇主品牌并不具有优势的企业现状,对于应聘者的吸引力并不算大,应聘者入职到岗的可能性也是微乎其微的。

分 类	人数(人)
全国女士	684 780 000
28~32岁女士	54 367 361
28~32岁本科学历女士	15 958 100
28~32岁研究生学历女士	1 373 650
28~32岁985/211高校研究生学历女士	549 460
28~32岁985/211高校研究生学历女士,满足身高标准	32 968
28~32岁985/211高校研究生学历女士,满足身高标准并选择就业	29 671
28~32岁985/211高校研究生学历女士,满足身高标准并选择在南京就业	2 974

图2-1 满足各项要求的人才数量阶梯

当王总看到这组数据结果的时候，他受到了冲击——以前虽然知道难度比较大，但没有想到已经到了"大海捞针"的程度。项目组趁热打铁，继续导入"放宽冰山上，扩大喇叭口"的选人理念，王总决定试着放宽条件。后经过讨论，确定将原有的八条硬性要求改为以下三条：

（1）大学本科以上学历；

（2）3年办公室行政管理经验；

（3）35周岁以下。

新的招聘需求发布后，收到的简历数量飞速增长，不出1个月的时间，在项目组的协助下，就招聘到了一位有着5年行政管理经验的32岁女士，其入职后展现了较高的岗位匹配度，本职工作完成出色，也得到了集团其他高管的认可。

经过这次总裁助理的招聘经历，王总深刻意识到，原来找到合适的人并不难，"痛苦"了这么久，竟是因为条件设置过多！

与该公司相似，许多企业在招聘时都会存在招聘条件设置过多、过严的问题，堵住了人才喇叭口。过高的学历要求、过窄的专业限制、过多的经验要求等，从一开始就会筛掉大量的潜在应聘者，导致后续可选择的空间很小。

过高的学历要求

为避免选人的不确定性，学历成为企业选人的一项重要筛选工具。

多数企业相信名牌大学本科生、研究生的能力水平会普遍高于普通高校本科生、研究生。国内的顶尖企业，如阿里巴巴、华为，对于学历的要求尤其严格，对应届毕业生一般要求是985、211学校毕业的研究生。

许多中小企业基于向标杆企业看齐、吸引高端人才等诉求，也逐步提高了招聘中的学历门槛，但大多数中小企业无法支付领先于市场的高薪，也无法提供足够有吸引力的发展平台。设置过高的学历门槛导致三方面后果：第一，导致许多中小企业吸引不到优秀的人才；第二，为了吸引高学历人才，企业承担了高昂的成本；第三，即便付出了成本，学历带来的额外价值往往也难达预期。

一般来说，除了研发类、技术类岗位，需要从业人员有比较强的科研能力，有必要在学历上做出较高的要求外，其他岗位，均可以适当放宽要求，扩大选择范围。

过窄的专业限制

与学历类似，对专业要求较高的行业、岗位，专业对口往往是必要条件，如律师、医生、高级财务人员等。大部分的通识类岗位，对专业无须多做要求，如人力资源岗位、行政岗位、运营岗位等。

随着科技的发展，衍生出很多新兴岗位，如新媒体运营官、产品体验官等，这些新产生的岗位没有"对口"的专业，更无须对专业做出限制。在校园中学习的专业知识，能够应用在实际工作中的非常有限，多数合适的人才都是进入职场之后开始构建专业能力的。

2018年，关于"四大招聘不限专业"的新闻引发了大量讨论。作为著名的四大会计师事务所，普华永道（PwC）、德勤（DTT）、毕马威（KPMG）和安永（EY）在校园招聘中不约而同地将"财务/会计/税务/审计"岗位的专业条件改为不限专业。它们这样做的目的，是打破专业限制所造成的人才池限制，在更大范围内找到那些更符合企业价值观、能够自我驱动、具有高潜力的人才。

过多的经验要求

现今社会处于一个极速变化的环境中，即所谓的"VUCA"⊖时代，业绩与过去经验的相关性不再显著。招聘中若设置了过多经验要求，一方面会缩小喇叭口导致可选范围变窄，另一方面，大部分经验可通

⊖ 即易变性（volatility）、不确定性（uncertainty）、复杂性（complexity）、模糊性（ambiguity）。

过培养和学习在较短的时间内弥补，这样的条件便显得不必要。

现如今，各行各业都在强调创新，很多全新的产品和服务模式出现，直接影响现代人的生活方式，创造了巨大的收益。那些对变化有着极高敏感度的年轻人，虽然缺乏我们常说的"经验"，却是决定企业能否突围的关键。与丰富的经验相比，快速适应变化与创新思维更符合现代企业发展的需要。

对经验积累有较高要求的岗位，比如车间主任、财务会计等，招聘时需要对经验做出限制，那些带有创新属性的岗位，对于经验没有必要做过多要求。

过窄的年龄限制

近年来，社会上存在一种"35岁现象"。

不少企业招聘都要求年龄在35岁以下，甚至有的企业还提出了员工"90后"化。年轻人有干劲、有想法，而且薪资要求相对不高，有更强的适应能力和可塑性，确实更受企业青睐。

但需要警惕的是，中国的人口红利正在消失。调研显示，某就业平台上2020年35～49岁年龄段的求职者数量较2019年增长了近15%。过往的人口红利，让企业养成了挑剔年龄的习惯，不仅对招聘年龄设置门槛，在企业内部做人员优化时往往首先考虑的也是年龄偏大的员工。

就业市场对"35岁以上"的求职者很不友好，但年龄并不是判断人才是否称职的依据。

42岁创业的宗庆后

似乎对于许多人而言，42岁已经是被生活磨得精疲力竭，转而把人生愿望寄托到下一代的年纪了。但宗庆后在那一年，开始承包校办工厂，靠着 14 万元借款，代销汽水、棒冰及文具纸张，一分一厘赚钱起家，开始了创业历程。靠着一股干劲儿，五年后兼并国有罐头厂，实现产值破亿元，创业 23 年后，成为中国内地首富。

在后来接受访问的时候，宗庆后曾经总结道："年龄不是问题，随着年龄增长，被磨炼的斗志、顽强的精神才是大龄创业的勇气。"

企业应当正确看待年龄对员工工作状态的影响，不能过于放大负面影响而偏离了选拔人才的初衷，应该关注人才的能力是否随年龄增长而提升。

过重的长相偏好

一篇题为《英国科学家研究表明：长得丑的人更容易成功》的文章，曾经火爆网络，引发广泛讨论。

文章称，英国一个研究小组对 80 名志愿者进行了研究，发现长得越丑的人越容易成功，因为丑陋的相貌使一个人需要加倍努力才能获得他人认同，久而久之，这种人各方面的能力都会更加突出。

虽然新闻的真实度存疑，但引发广泛讨论的背后，冲击的却是在现实社会中存在的"颜值即正义"现象。颜值高的人，往往在生活上、工作中都能受到一定优待，导致看"脸"成为一种趋势。

在招聘信息中，我们也会经常看到一些对"形象气质佳"的偏好要求（见图 2-2）。

形象气质标准，对于公关、销售、礼仪迎宾、前台等一类需要以形象来获取认可的岗位无可厚非，但对于大部分岗位，并非必要条件。招聘者对个人形象提出要求，应该考察的，是一个人的自我管理状态。个人形象是对外展示个人修养的一个窗口，因此只要将自己的个人形象收拾得干净、整洁，给人以舒服的感觉即可，企业不必对长相有过重的偏好。

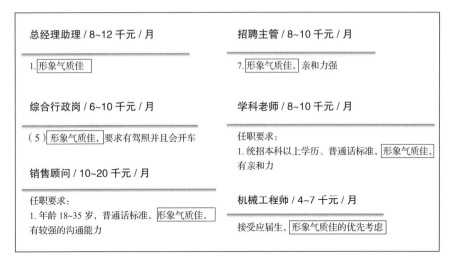

图 2-2　某招聘网站上各岗位对于形象的要求

不必要的性别限制

传统观念认为，女性自然而然会承担更多照顾家庭的义务，会对工作产生影响。很多企业在招聘条件中设置"男性优先"，正是基于此。即使招聘中没有明确限定性别，实际仍然有明显偏好。事实上，除个别对体能条件有明显要求的岗位，大部分岗位并无特别要求，甚至女性在某些方面会展现出更优秀的一面。

美国科学家曾发现一个有趣的现象，在太空飞行中，60.6% 的宇航员会出现头痛、失眠、恶心、情绪低落等症状。经心理学家分析，这是因为宇宙飞船上都是清一色的男性。此后，有关部门采纳了心理学家的建议，在执行太空任务时挑选一位女性加入，结果宇航员先前的不适症状消失了，还大大提高了工作效率。这是典型的男女搭配干活不累的"异性效应"在起作用。

卡内基 - 梅隆大学组织行为和理论学助理教授安妮塔·伍利和麻省理工学院斯隆管理学院帕特里克·麦戈文管理学教席教授托马斯·马龙的团队研究表明：女性成员越多，集体智商越高。要想提高工作效率，女性的比例至少应该达到20%，这对于完善团队的思维和工作方式，避免团队在做决策时整体走偏，益处明显。麦肯锡的一份报告显示，上市公司执委会中女性比例高的公司比没有女性高管的上市公司的净资产收益率（ROE）要高47%。

因此，大部分岗位没必要设定性别限制，男女比例平衡才能更好地提升效率。

不需要的证书要求

很多企业会通过要求员工考取某类证书，来凸显其对人才能力的重视。

自2013年以来，从供给侧结构性改革的大局出发，为了降低人才负担和制度成本，促进就业创业，国务院分批取消了上百项职业资格许可和认定事项。放开就业门槛，取消职业资格许可，并未影响企业的招聘用人，未降低人才整体水平，这说明多数证书在证明员工胜任能力方面力度有限，证书并不等同于能力。

除了某些特定岗位的相关证书确有必要，大多数通用型岗位并不需要相关证书。实际招聘中应重点考察应聘者的能力和素质。

不可取的地域偏见

2019年底，一则"河南女孩求职被拒"的新闻刷爆网络，引起广泛讨论。

事情的缘由是河南女孩小闫毕业后通过某招聘平台向浙江某公司提交简历，应聘公司董事长助理岗位。一周后，该公司向小闫发出不适合此岗位的通知，不适合原因赤裸裸地写着"河南人"。小闫非常气愤，遂起诉该公司，要求其登报道歉，并赔偿精神损失费6万元。

在现实招聘中，地域偏见歧视并不少见，背后其实是一种刻板印象，把地域当作筛选人才的标准。

随着经济发展，人才整体素质提高，流动人口的社会融合加快，法律法规对地域歧视明确反对，企业更不可或明或暗带着偏见选人，打破偏见才能做到慧眼识人。

阿里巴巴、华为等顶尖企业，之所以在招聘上设定较高的冰山上条件，是因为其丰厚的报酬、广阔的发展平台及高吸引力的雇主品牌。但即便是大企业，在抢人大战日趋激烈的当下，也不能无限制地提高门槛。多数中小企业没有足够的品牌吸引力和薪酬诱惑力，更应当避免过多设置"冰山上"的硬性指标，要注重增加与潜在合适的应聘者的接触机会，提高选对人的概率。

放宽冰山上的"四不放"原则

我们在对企业的实际研究中发现，某些岗位的绩优、绩差人员在冰山上的特质方面并没有显著差别，这意味着冰山上的条件，如年龄、性别、学历、工作经验对绩效表现的好坏影响，并不如我们想象中的那么明显。因此在招聘中，对于冰山上的条件到底应该坚守哪些，放弃哪些，需要具体视岗位特点进行合理的取舍，如图2-3所示。

图中结果显示：不同绩效样本对于年龄、性别、学历、工作经验这四项不会表现出显著性（$p>0.05$）。这意味年龄、性别、学历、工作经验对绩效表现的影响并没有明显差异。

"冰山上"的硬性指标设置既要合理扩大应聘者范围，避免潜在合适的应聘者在一开始就被筛掉了，也要防止毫无原则地放宽，需要遵循四项原则，即非必要不放、一年内可培养不放、优先条件不放以及超过三条不放。

项目	名称	绩效		总计	χ^2	p
		绩差	绩优			
卡方（交叉）分析结果						
性别	男	34	30	64	0.238	0.625
	女	4	5	9		
学历	中专/高中	1	4	5	2.973	0.226
	大专	23	16	39		
	本科	14	15	29		
年龄	25岁以下	9	11	20	2.157	0.707
	25~30岁	14	14	28		
	30~35岁	7	6	13		
	35~40岁	6	2	8		
	40岁以上	2	2	4		
工作经验	2年以内	14	16	30	0.747	0.945
	3~5年	9	7	16		
	5~8年	4	4	8		
	8~15年	8	6	14		
	15年以上	3	2	5		
总计		38	35	73		

图 2-3　某岗位绩优绩差人员冰山上分析示意图

注：卡方分析属于非参数检验分析方法，常用于分类资料的统计推断，适用于两个分类变量的关联性分析。p 值小于 0.05 或 0.01 则视为显著。

非必要不放

设置冰山上条件时，以"最低、必要、门槛"的角度来思考，而不是"这个要，那个也要"。

判断是否"必要"的唯一标准是："如果不具备这个条件，应聘者能不能做这项工作，以及能不能做好这项工作？"

如果答案是"能"，那么这个条件就不是必要条件，无须纳入。

在招聘外贸专员时，江苏某外贸公司设置了这样的条件：本科以上学历，营销类、国际贸易类相关专业，三年以上外贸相关领域工作经验，英语六级或以上并能熟练运用 ERP 系统。

如此苛刻的要求，对于招聘一位月薪仅 4500～6000 元的基层专员，着实难度较大。

在咨询实践中，我们发现，大专以上学历、具备基本的英语技能的很多外贸专员都可以做得很好。上述外贸公司列举的招聘条件均是非必要项，一开始就筛选掉了大量的应聘者，缩小了人才喇叭口。

如图 2-4 所示，北京某贸易公司招聘同样的岗位，其招聘门槛条件要简单、宽松得多，是更为合适的冰山上指标。

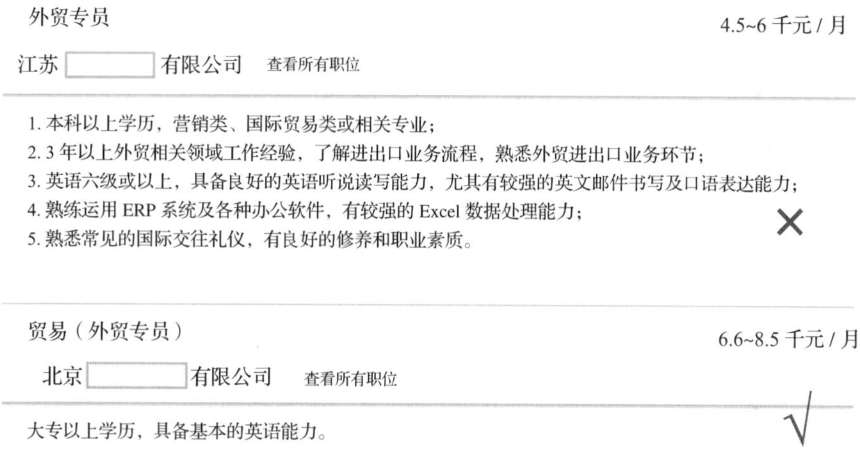

外贸专员　　　　　　　　　　　　　　　　　　4.5~6 千元 / 月
江苏　　　　有限公司　　查看所有职位

1. 本科以上学历，营销类、国际贸易类或相关专业；
2. 3 年以上外贸相关领域工作经验，了解进出口业务流程，熟悉外贸进出口业务环节；
3. 英语六级或以上，具备良好的英语听说读写能力，尤其有较强的英文邮件书写及口语表达能力；
4. 熟练运用 ERP 系统及各种办公软件，有较强的 Excel 数据处理能力；
5. 熟悉常见的国际交往礼仪，有良好的修养和职业素质。　　　　✗

贸易（外贸专员）　　　　　　　　　　　　　　6.6~8.5 千元 / 月
北京　　　　有限公司　　查看所有职位

大专以上学历，具备基本的英语能力。　　　　　　　　　　　✓

图 2-4　某招聘网站外贸专员冰山上要求示意图

一年内可培养不放

企业在招聘时，会认为知识、经验和技能对业绩的影响更为直接，所以要求比较明确。

现实中，不同企业在实际运营过程中，工作的方式方法、业务流程等都存在比较大的差异。一个人的知识和技能很难从一个地方直接应用到另一个地方，比如产品知识、工具或软件的使用技能等，多数都需要基于企业的实际情况进行转化和适应。所以，一定时间的培养期和适应期是必然的，也是必要的。企业需要考虑的是，哪些知识和技能在本企业内部是一年之内较难培养和提升的，但对做好该项工作又是必要的，这些知识和技能就可以作为冰山上的条件，反之就不必纳入。比如技术人员对产品的了解，质检工作对检测工具的使用，编程人员对于编程规范的掌握，这些要求都可以在一年内培养出来，这样的岗位在冰山上就不必设置类似经验性的限制条件。

这项原则潜在的含义，一是企业要打破"招聘有经验的员工，就能够节省企业培养人员成本"的思维；二是要真正将培训体系搭建起来，执行到位。前文提到的四大会计师事务所放开以往的专业限制，向所有专业的优秀毕业生敞开招聘大门的原因，正是在于其内部打造了完善的培训机制，因此即便岗位对于专业性的要求比较强，也可以放宽专业限制，在更大范围内搜寻符合企业文化和理念的人，培养值得培养的人。

"四大"放宽专业限制的背后——重视培训体系的搭建

四大会计师事务所的培训有三个突出特点，分别是专业化、持续化和手把手教导。其培训体系具体可以分成三大部分：岗前培训、定期培训和日常培训。正式上岗前每一个人都需要参加集体的岗前培训，一共有两类课程：一类是入职培训，另一类是专业培训，各为期三周左右。定期培训在正式上岗之后持续开展，每年的培训时长大约两个星期，根据具体所在的业务线以及职级的不同课程内容也不同。四大的企业文化会融入整个培训体系，"学徒制"的手把手教导也能够保证传承的一致性。

中小企业没有"四大"这样强大的培训体系，因此在招聘专业性人才的时候，若企业一年内无法培养出来，可以将冰山上的条件适当提高，但也不能放松员工的技能提升与文化建设，伴随企业共同成长起来的员工会更加认同企业的文化和理念。因此，我们建议一年以内可以培养的技能，无须设定过于严格的招聘条件，选拔那些有潜力、价值观一致的员工重点培养，对于增强团队凝聚力具有重要作用。

优先条件不放

在招聘网站上，经常会看到一些招聘岗位有一些优先的条件，比如具有某行业背景优先，有某从业经验优先，硕士毕业优先，既然是"优先"就不是门槛性条件，这样的优先条件不必纳入冰山上。

诚然，在满足基础要求的情况下，企业更愿意选择有工作经历或者名校毕业的应聘者，因此对"优先"条件的考察应该后置而非前置，在面试环节结束后，若有几位表现相近的应聘者，都满足岗位要求，但仅有少量录取名额的时候，可以选择按照优先条件录取。

超过三条不放

前文总裁助理的真实案例并不少见，根据我们多年的咨询服务经验，超过三条硬性指标将会极大地缩小招聘的喇叭口，作为门槛条件已经筛掉了90%以上的应聘者，增加了后续选人的难度，因此，选择最必要的门槛性条件，上限数量为三条。

如果冰山上的条件超过三条，就要重复上述步骤，反复思考：如果不具备这个条件，应聘者能不能做这项工作，以及能不能做好这项工作？这项技能对于新人来说，企业能否在一年内培养出来？如果答案是肯定的，就果断舍弃这一条要求。但如果企业想要招聘某类特殊人才，冰山上的必要条件超过了三条，那么企业必须提高自身的人才吸引力，用高于市场的薪资水平、更好的发展平台或机会等措施来弥补满足条件的应聘者数量较少的不足。

放宽≠放弃

放宽是为了吸引更多的人,将更多的人才纳入企业的可选择范围,增强企业的主动选择权力,在更大范围内找到最合适的人。但冰山上的条件属于招聘时的筛选条件,招聘筛选条件不等于录用条件。

上文提到,四大会计师事务所在校园招聘中,放宽了学历、专业的限制。但它们通过层层精挑细选后,仅会录取其中的4%~5%。普华永道2018年数据显示,秋季招聘一共收到近五万份简历,网申筛掉50%,笔试筛掉剩下的50%~60%,面试环节再筛掉剩下的80%,最终只发放了2500份录用通知(见图2-5)。

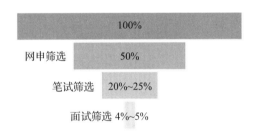

图 2-5　普华永道招聘漏斗示意图

四大会计师事务所的选人逻辑是:放宽冰山上的条件,但是并没有降低选人标准,不会因为学历、专业而淘汰人,但是会根据他们所展现的持续学习能力、沟通能力、领导能力、团队协作精神、思辨能力来精挑细选。

放宽不等于放弃,无限制的放宽会导致大量不合适的简历进入公司,降低公司的招聘效率,那么对"宽窄"尺度的把握就需要企业重点关注。

人才不是"招"来的,而是"吸引"来的。企业对于放宽的尺度把握主要由企业的人才吸引力决定,而人才吸引力与企业所在行业发展前景、企业发展前景、企业现有规模、企业品牌影响力、企业文化以及薪酬竞争力六个因素呈正相关。当这些因素具有明显的人才吸引优势时，企业可以适当提高冰山上的条件（见图2-6）。

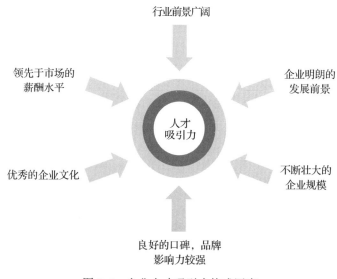

图2-6 企业人才吸引力构成因素

- 行业发展前景：企业所处的行业是否具有较强的发展前景，朝阳行业如互联网、人工智能，发展前景广阔，对于人才吸引力较强。
- 企业发展前景：企业自身的发展前景是否明朗，在所处赛道中是否具有较强的优势，若前景明朗，对于人才吸引力较强。
- 企业现有规模：一般情况下，企业的现有规模越大，对于人才吸引力越大。
- 企业品牌影响力：企业的品牌口碑越好，品牌影响力越强，对于人才吸引力越大。
- 企业文化：优秀的企业文化对于"90后""00后"的吸引力仅次于薪酬，因此企业不可忽视对价值观和企业文化的建设。

- 薪酬竞争力：薪酬待遇是人才吸引力影响因素中最为重要的一个，若企业敢于采用领先的薪酬水平策略，则会大幅增强企业人才吸引力。华为在 20 年前就意识到高薪对于企业吸引优秀人才的重要性，一直采用十分激进的薪酬策略，与当时的国企和外企争夺顶尖学府的优秀毕业生，所以即使其对技术岗位人员的学历要求较高，仍然不缺优秀的应聘者。

谷歌的"加大光圈"

谷歌作为全球最成功的互联网公司之一，其管理方法一直被国内外企业作为标杆进行研究和学习。谷歌一直坚信：只有选对人、用好人才能做好事。谷歌的成功不可复制，但成功的经验可供借鉴。

在甄选人才方面，谷歌的执行董事长埃里克·施密特和前高级副总裁乔纳森·罗森伯格在《重新定义公司：谷歌是如何运营的》一书中，也传达出了谷歌"加大光圈"的理念，与"放宽冰山上"的理念不谋而合。

加大光圈甄人才——谷歌放宽对应聘者的硬性条件限制

谷歌公司从创立之初便严格把控招聘标准，即使后来企业飞速发展、组织极速扩张时都丝毫未松懈，谷歌也一直以"招聘最优秀的人"为选人原则。早期进入谷歌的员工大多毕业于斯坦福大学、加州理工学院、麻省理工学院或常春藤盟校，因此"谷歌的录用难度比哈佛高 20 倍"这句话广为流传。

谷歌的吸引人才链条分为物色、面试、录用和谈待遇，在物色阶段，需要先勾勒出心目中的人选类型，这一过程被称为加大光圈，所谓"光圈"就是相机上一个允许光线进入内感光面以捕捉画面的装置（见图2-7）。以往，谷歌招聘主管的"光圈"非常小，他们只会考虑那些毕业于一流名校或在某些领域拥有一定头衔的人，然而现在谷歌的招聘者不断强调要将"光圈调大"，将那些被以往的标准排除在外的人也纳入考虑范围。

图2-7　光圈由小变大

毕业于一流名校或在某些领域取得一些成就的优秀人员往往可选择的空间较大，将其吸引过来的难度自然就会大一些，但如果能把光圈调大，去物色一些处于上升期、具有较大的发展潜力的人，就可以挖掘到很多以往忽略的人才。

以往在谷歌内部，有的工程师想加入产品管理团队，却无法从自己的团队脱身；有的产品经理想做销售，却苦于没有空缺。管理者往往不愿意冒险放手让这些人去尝试对他们来说陌生的领域。

一位叫凯文·希斯特罗姆的年轻人，想要从市场专员调到助理产品经理的岗位，遗憾的是，这个岗位只接收拥有计算机科学学位的人，他不符合条件，即便这位年轻人是自学成才的程序员，但部门仍然坚持只能接收拥有计算机科学学位的人，否决了凯文的调职申请，后来他由于无法调岗，最终选择离开谷歌，与他人成立了一家名叫Instagram的公司，这家公司之后以10亿美元卖给了脸书。

虽然谷歌现在已经放大选人的光圈，但并不是毫无底线地放宽，对于毕业院校、学习成绩、实习经验仍会有门槛性条件。

同时，谷歌的选人标准从未降低，录用难度非常大，从开始投简历到被聘用，要参加大约 20 次面试。所有的应聘者在完成各项面试议程后，除了会由 4~5 位不同角色的人员组成的招聘委员会进行评审，还会由 CEO 进行最后的评审，以避免不符合要求的人员进入公司，同时也确保了有潜质和能力的突出人才顺利加入。

■ 关键发现

- 在企业实际招聘工作中，或多或少会由于学历要求、专业限制、经验要求、年龄限制，甚至长相偏好、证书要求、性别限制和地域偏见堵住了人才喇叭口，使应聘者数量过少。
- 企业不愿意放宽冰山上的筛选条件，往往是为了节省培养成本，希望人才能够拿来就用。
- 放宽冰山上的条件的"四不放"原则：非必要不放、一年内可培养不放、优先条件不放以及超过三条不放。
- 放宽冰山上的筛选条件并不等于降低选人标准，而是为了增加应聘者的数量，企业仍需通过严格的筛选，确保录取到最合适的人才。
- 决定企业放宽冰山上的条件的尺度在于企业的人才吸引力，人才吸引力与企业所在行业发展前景、企业发展前景、企业现有规模、企业品牌影响力、企业文化以及薪酬竞争力等因素呈正相关，当某些因素具有优势时，企业可以适当提高冰山上的条件，提高选人效率。

Talent Portrait

第 3 章

坚守冰山下，精准画像

> 决定一个人在工作上能否取得好的成就，除了拥有工作所必需的知识、技能，更重要的是其深藏在大脑中的人格特质、动机及价值观等。
>
> ——麦克利兰

放宽冰山上条件，目的是扩大应聘者范围，使企业拥有更大的选择权，从而筛选到冰山下素质更加匹配的人员。中小企业更是如此，企业和人才之间的选择是双向的，企业在抢夺优秀人才的同时，优秀人才也在主动选择优秀的企业。中小企业的资本实力、规模水平及人才发展空间有限，决定着其难以与大型企业争夺市场上冰山上条件、冰山下条件都是最优的人才，所以，中小企业更要关注冰山下条件。

守住冰山下的底线

放宽冰山上是第一步，更重要的是要严守冰山下。

冰山下素质之所以重要，不仅是因为其对个人业绩的影响长远，更关键的是，冰山下的素质一旦不匹配，所带来的负面影响往往是具有破坏性的，远大于冰山上不合适的人所带来的影响。知识、技能不达标，企业可以花费时间和精力来培养，经过一段时间培养后可以得到改善。如果一个人的价值观有问题，是很难发生改变的，"江山易改，本性难移"，而且其产生的负面影响也会更大、更隐蔽。所以，企业在选人伊始，就要关注应聘者冰山下的素质是否满足要求。

你会雇用一个没有任何经验的家政服务员吗

如果有两位家政服务员，他们的画像如表 3-1 所示，你会选择哪一个？

表 3-1　家政服务员画像

家政服务员 A	家政服务员 B
• 执有家政服务员职业资格证 • 行业资历五年以上 • 服务过三个以上家庭 • 高中以上学历	• 勤快肯干 • 学习能力强 • 为人真诚、善良、有爱心 • 责任心强

我们在很多场合问到这个问题的时候，大部分人都会选择 A。显而易见的是，A 的经验和技能是符合多数人对于该工作的定位和认知的，而且这些标准易于考察。

在面临这样一个真实的选择场景时，某企业高管李正却雇用了 B——张阿姨。

这位张阿姨来自苏北农村，来到南京是因为家里的独生女考上了大学，成了全家人的骄傲，而上学地点就在李正家附近的大学城。张阿姨一方面考虑到孩子的学费，另一方面也希望能够离孩子近一点，于是决定从老家搬出来，在孩子学校附近找一份工作，一边赚钱，一边照顾女儿。

张阿姨并没有从事家政服务的经验，而且普通话说得不标准，但是李正认为张阿姨朴实、为人细心周到，考虑到未来要长时间相处，人品和态度才是最重要的。面试沟通中，张阿姨表现出了非常积极的态度，表示自己虽然没有经验但愿意学习，非常希望能得到一次机会。她的真诚和为孩子着想的母爱打动了李正，于是，李正就聘请了这样一位没有任何经验的家政服务员。

第一周的相处并不算顺利，家人纷纷抱怨张阿姨做的饭不合口味，熨烫衣服不够细致，这也给李正造成了一定的困扰。他决定与张阿姨聊一聊，一聊才知道，张阿姨最近也面临诸多困惑。她一直在调整自己做菜的方式，但是不知道饭菜如何才能合口味，因为对挂烫机使用不熟练，熨烫的衣服自己也不甚满意。知道了情况的李正便专门教了张阿姨如何使用挂烫机，同时建议她可以多从App上去学习做菜。之后的闲暇时间，张阿姨经常用App研究做菜的方法，还主动跟李正及家人沟通饭菜口味，寻求反馈。经过1个月左右的磨合，张阿姨的各项家务工作得到了李正家人的一致好评。

选择家政服务员这种看似简单的工作岗位的人员，多数人倾向于选择有丰富的经验和技能的人员，对于冰山下的素质要求往往会忽略。看似简单的岗位，对冰山下的忽视，也会造成严重的后果。杭州保姆纵火案的主角就是完全符合以上A的条件，但由于忽略了冰山下的素质，酿成惨案的典型案例。"放宽冰山上，坚守冰山下"的招聘理念可以用在任何一个岗位上，在符合冰山上最必要的条件基础上，重点甄别应聘者冰山下的素质，学习能力强、成就动机高、勤勉认真在一定程度上能够弥补经验上的短板。

越是基层岗位，冰山下的素质越容易被忽视，被认为只要具备相关知识和技能就可以了——"会做就行"，而在现实中，越基层的人员也越难管理。严守冰山下，不是苛求，而是人才选拔的底线。

守住冰山下的底线，认识到与做到之间还有巨大的差距。

如何来构建冰山下的素质？如何建立起符合冰山下标准的精准画

像？虽然做起来不那么容易，却有可供学习掌握的方法，即工作分析法、战略推导法、行为事件访谈法（BEI）、专家组讨论法、测评对比法等。

在实践中，并不会单一使用某一种方法来建立冰山下的画像，而是结合企业实际，采用多种方法相互印证，综合确定。我们在实践中发现相对更有效的方法是"共创共识法"，这种方法结合了专家讨论、工作任务分析等多种方法。尤其是对于第一次构建人才画像的企业，共创共识法可以快速且较为精准地提炼出冰山下的素质要求，如需进一步提高精准度，可以在共创共识法基础上结合测评对比法来验证人才画像。

人才画像制作之共创共识法

共创共识法是由专家讨论、工作任务分析、高低绩效行为分析等一系列方法融合而成的一种团队内部共创法。共创共识的"共创"是指，邀请对岗位了解的"内部专家"一起参与研讨，"共识"是指人才画像的内容要在专家内部达成共识。共创共识法一方面有利于企业内部优秀经验和智慧的沉淀，另一方面也有助于高效达成内部共识，从而有利于后期人才画像的推广使用。我们根据多年的管理咨询实践经验，总结出了共创共识"八步法"（见图3-1），可以帮助企业在内部快速地建立人才画像，并达成共识。

图 3-1　八步成像

第一步：召集成组

由企业HR团队或岗位的直接上级召集专家小组成员。专家小组成员的名单需谨慎考虑，高质量的专家团队是决定画像成功构建的关键因素。一般来说，小组的成员6~8人比较合适。人数少于6人，讨论不充分；人数过多，又会增加达成共识的难度。为提高有效性，专家小组一般由以下两类人员组成：

- 熟悉岗位工作性质和相关要求的人员，包括该岗位目前的胜任者、直接上级、间接上级，以及与之配合密切的相关部门人员或同事；
- 熟练掌握人才画像构建方法的人员，包括人力资源部人员或者外部专家顾问，整个研讨会进程由他们来组织和主持。

除此之外，高层的支持和参与会大幅提高人才画像后续应用的推动力度。

第二步：画像初稿

研讨会议开场，由该岗位的直线上级介绍岗位的背景，背景内容包括岗位的职级、职责和要求，从而让现场的人对岗位有更加直观和清晰的了解，并达成一致意见。这一步的共识很重要，否则会造成后续很大的沟通成本。在达成共识的基础上，岗位的直线上级可与小组成员一起从以下两个维度考虑，列出人才画像的初稿。

- 维度一：据你观察，当前在这个岗位上的优秀员工具有哪些素质和能力？
- 维度二：从公司未来发展需要来看，这个岗位上的人员需要具备哪些素质和能力？

第三步：穷尽列举

会议主持人引导参会人员头脑风暴，思考并穷尽列举与岗位绩效产出相关的素质项，一开始无须顾虑列举的数量过多或相关性不强，只要具有相关性，而且参会人员认为是重要的，都要列举出来，以确保不遗漏任何一个重要的素质项。

第四步：投票取舍

在素质项完全列举穷尽之后，紧接着就投票取舍。

在我们的咨询实践中，现场多数人会提出这样的疑问：是否先将上一轮列举出来的素质项进行一轮梳理和总结，合并意思相近的素质项，或对素质项的定义做一个详细的解释？

事实上，实践证明更高效的做法是将素质项的总结和定义放在投票环节之后。先进行一轮投票，可以把明显不重要的素质项剔除掉，然后对得票数较高的素质项进行定义或修改名称。如果在投票之前进行素质项的精简合并，会在可能被淘汰的素质项上浪费时间。只要参与人员对每一个素质项的基本含义有所了解，就可以在此基础上做选择。

第五步：正反验证

有了冰山下的人才画像初稿之后，接下来就要组织内部专家对画像的有效性进行验证。验证方式可以分为正向验证和反向验证。

- 正向验证：那些在岗位上具有高绩效的员工是不是在这些维度的行为上表现较好？
- 反向验证：那些在岗位上绩效平平或者不达标的人员，是不是在这些维度的行为上表现不佳？

在这个环节里面，需要验证画像卡的实用性，如果素质项的定义不清晰，或者不好衡量，都需要在这个环节做出修改。

第六步：最终确定

对于得票数相近且很难取舍的素质项，由该岗位的直接上级重新陈述该岗位的重要职责和目标，并做出解释。主持人引导现场人员重新思考该岗位的定位、绩效目标和任职要求，并做出最终选择。如果经过讨论仍存在分歧，则由在场负责管理该岗位的最高领导者做最终决定。

人才画像没有绝对的准确，其精准度需要在应用中不断修正，认同的准确比绝对的精确更重要。共创共识法的关键在于广泛利用管理者的智慧，并在讨论中达成共识，而共识是后续画像应用落地的关键推动力。

第七步：确认仪式

素质模型最终确定后，主持人需要营造确认环节的仪式感，让在场的人都参与到最终决策中去，目的是获得大家的承诺，从而保证后续的顺利应用。营造仪式感的常见方式是，主持人连问三次"还有没有其他意见"，如果三次都确认没有，就鼓掌一致通过。

第八步：持续迭代

因为人才画像的精确度在应用中不断提升，所以画像在使用的过程中需要不断优化迭代。

在使用人才画像卡的过程中能感受到素质项好不好考察，按照人才画像选出的人，是不是都能如预期产生相应的业绩并达成目标。如果按照画像卡选出来的人没有产生相应的绩效，那就要分析，到底是哪些因素影响了其业绩的发挥，是画像出现了偏差还是组织环境带来的低效率。如果是前者，那就要对画像做修改和迭代。企业人才画像一般每年要修正迭代一次。

英科医疗的"八步成像"

江南殊气候，冬雨作春寒。

2021年1月23日的早晨，英科医疗上海奉贤基地的培训室却是热情高涨。火眼金睛队、百里挑一队、猎英队、伯乐队等共计八组、近60位中高层，全情投入到我们带来的精准选人培训中。

"选人决定利润""从被动招人到主动找人"等领先的人才理念深入人心，我们从各位学员眼中看到了迫切的渴望："我该如何快速精准地找到想要的那个他？"通过生活常见情境选人决策、国际知名企业人才选拔标准的分享，让在场人员达成共识："冰山上要设定门槛条件，更高的要求可以通过培养获得，所以尽可能要放宽冰山上；冰山下的素质是胜任力的核心要素，很难培养和改善，更侧重于通过选择来获得，因此在招聘时要坚守冰山下。"

那么，该如何设计符合英科医疗岗位需求的人才画像卡呢？

根据现场提供的岗位选项，各个小组紧张有序地开展起了岗位画像卡的构建任务。有些人开始讨论岗位职责对素质的要求，有些人讨论某些表现好的员工身上的特质，然后把能想到的素质项全部罗列出来。经过十分钟的头脑风暴，各个小组拿出了自己的方案。

伯乐队提供的人才画像卡岗位是装备工程师。虽然冰山上的"本科以上，理工类专业"条件获得全员的认可，但是"三年以上相关经验"则引发了进一步的研究讨论。

"各位，这个装备工程师是包括助理工程师、工程师还是更高层次的？"在场的其他学员说法不一，但伯乐队学员解释不包括助理工程师，即不面向校招的应届毕业生，从而确定了该"三年以上相关经验"的条件合适。在确认学员们没有异议后，现场确定了冰山上的部分。

接下来，重点构建冰山下的素质项。伯乐队罗列了"吃苦耐劳""创新思维""学习能力"等素质项。为了充分地收集信息，我们不断提出"还有吗""是否还有其他的素质项"，鼓励和引导在座学员继续补充，

"精益求精""钻研探索""前沿意识""团结协作""专业素养""项目管理"等素质项不断涌现，最终罗列的素质项多达18项。

直到学员们再没有新的补充，我们为每个素质项标注了序号。"请各位独自思考两分钟，不需要表达观点，每个人选择四项你认为对这个岗位来说最重要的素质项。"紧接着，所有学员按照素质项顺序进行举手投票，经过18次的投票统计，"吃苦耐劳""学习能力""团结协作""创新思维"获得最高票数。但是，考虑到其他四个选项得分较高且相近，讲师引导学员们进行了第二轮的投票，"责任担当"成功进入了素质项确认范围。

然而，冰山下的素质项并没有立马最终敲定。我们继续引导："大家再思考一下是否还有其他关键项缺失和遗漏，或者是否有更好的选项，对这些素质项的描述是否还有不同意见？"一位参与者提出可以补充"专业素养"这一素质项，但经现场研讨，多数人认为学习能力涵盖了专业素养的内容，尤其是冰山上的标准包含了"专业素养"要求，这一新的提议没有被采纳。

最后，我们继续引导大家围绕选项描述进行校准，用英科医疗的语言习惯去描述素质项，把"学习能力"改为"学习成长"，"团结协作"改为"团队协作"。

为了让学员更便于理解素质项的含义，掌握素质项选取的技巧，讲师建议按照管理自我、管理他人和管理任务三大维度来检查素质项的选择是否覆盖全面。在面试中，面试官对一个素质项的考察大概需要10分钟，所以讲师建议素质项的数量限定在五个以内，四个最佳。将近10个人的小组，以头脑风暴和投票的方式选取的素质项，基本上不会存在明显偏差，能够符合实际需要。在历时30分钟的高度参与下，现场学员共创了第一个定稿画像。

最让人跃跃欲试的环节来了！所有的小组都争抢第一个上台，按照讲师的引导方式现学现用，进行第二个画像的现场共创。最终，现场共创出来五个岗位的人才画像卡。

全程参与的英科医疗总经理金总感慨颇深:"德锐的精准选人课程实战性强、接地气,以授人以渔的方式让大家不仅提升了知识,而且提升了能力,非常感谢你们!"

人才画像制作之测评对比法

"你看到一个盛满水的玻璃杯放在桌角,附近人来人往,你是会下意识地把它推到里面,还是毫不在意?"

看起来一个小小的行为,却是不同性格的体现。深层的性格特质决定了表象的潜意识行为。不难发现,身边有些人总是散发着天然的亲和力,有些人总是保持着超强的情绪稳定性,有些人对新鲜事物永远充满好奇心,有些人总是能克服干扰,自我监督。

若能有效识别深层的性格特质,便能更精准地识别和选择应聘者。性格属于冰山下的潜质,用"肉眼"不易观察且具有多面性,尤其在应聘场景下,应聘者更倾向于美化自己,这时就需要人才性格测评工具来帮助鉴别。

德锐咨询基于大五人格理论,结合16年企业管理咨询实战经验,自主开发了德锐人才性格测评工具(DR01)。该测评模型中包含了大五人格理论的各个方面,包括情绪稳定性、外向性、亲和性、思维开放性和尽责性下的子维度,共计24个。借助该测评工具,企业可以做到深度识人、选人和用人。

借性格特质认识素质项

一个人的性格特质和素质是相关联的。美国应用认知研究中心曾将工作中经常用到的54个能力素质与人格特质做关联。

以协调能力为例,该研究发现,在情绪稳定性、外向性、思维开放性、亲和性和尽责性方面均处于居中水平的人，通常表现出较强的协调能力。而具有协调能力的人，其行为标识是能够有效管理冲突，能够在沟通中收敛锋芒，让对方发表看法，善于通过沟通实现双赢。由此可见，我们可以通过科学测量性格特质，有效识别与性格特质相关联的素质项，去预测一个人的行为。

基于大五人格理论和咨询实践，我们将德锐人才性格测评的各维度和德锐素质清单做了关联，借性格特质认识素质项（见表3-2）。

表3-2 素质项与对应的性格特质

序号	素质项	对应的性格特质
A. 管理自己		
1	先公后私	谦虚性、合作性、利他性
2	吃苦耐劳	抗压性、坚韧性、活力性
3	责任担当	坚韧性、可靠性、主动性
4	坚持原则	抗压性、可靠性、自律性
5	以身作则	自律性、可靠性
6	持续奋斗	成就动机、坚韧性、主动性
7	锐意进取	成就动机、主动性、创造思维
8	学习成长	好奇心、主动性、成就动机
9	成就动机	成就动机
10	坚韧抗压	抗压性、坚韧性
11	坚持不懈	坚韧性、抗压性、成就动机
12	全局意识	合作性、条理性
13	工作激情	成就动机、活力性、自信度
14	事业雄心	成就动机
15	适应能力	适应性
16	敬业精神	自律性、可靠性
17	情绪管理	情绪控制、自信度
18	勤奋努力	自律性、主动性

（续）

序号	素质项	对应的性格特质
A. 管理自己
19	组织承诺	可靠性、合作性
20	聪慧敏锐	分析思维、同理心、适应性
21	诚信正直	可靠性、自律性
22	积极主动	主动性、成就动机
23	乐观自信	自信度、乐群性
24	谦逊自省	谦虚性、同理心
25	真诚友善	同理心、信任性、利他性
26	廉洁自律	自律性、抗压性
27	踏实可靠	可靠性、自律性

序号	素质项	对应的性格特质
B. 管理他人
28	服务意识	主动性、同理心、利他性
29	客户至上	主动性、同理心、利他性
30	用户思维	同理心、影响性
31	开放包容	包容性、适应性、合作性
32	培养他人	合作性、利他性、影响性
33	识人善用	分析思维、主导支配、同理心
34	人际敏锐	同理心、乐群性
35	团队协作	信任性、合作性、利他性
36	沟通协调	同理心、影响性
37	团队管理	主导支配、影响性、合作性
38	同理心	同理心
39	说服影响	影响性、分析思维
40	使众人行	影响性、主导支配
41	合作共赢	合作性、信任性、利他性
42	领导激励	影响性、成就动机

（续）

C. 管理任务		
序　号	素质项	对应的性格特质
43	卓越交付	可靠性、成就动机、关注细节
44	开拓创新	好奇心、创造思维、主动性
45	拥抱变化	适应性、主动性
46	战略执行	可靠性、条理性、主动性
47	计划管理	条理性、分析思维
48	统筹规划	条理性、主导支配、分析思维
49	目标导向	可靠性、成就动机
50	组织塑造	条理性、分析思维、创造思维
51	钻研探索	好奇心、创造思维、分析思维
52	组织推动	影响性、合作性、主导支配
53	精准高效	关注细节、可靠性
54	精益求精	主动性、成就动机、关注细节
55	灵活应变	适应性
56	风险管控	分析思维、关注细节
57	经营思维	分析思维、条理性
58	谈判能力	主导支配、影响性、同理心
59	分析判断	分析思维、独立性
60	果断决策	独立性、自信度、主导支配
61	解决问题	分析思维、条理性、主动性
62	资源整合	分析思维、创造思维、影响性
63	商业洞察	分析思维、创造思维
64	市场敏锐	分析思维、创造思维
65	项目管理	合作性、条理性、主导支配
66	战略规划	条理性、分析思维
67	严谨细致	关注细节、可靠性、条理性
68	成本意识	分析思维、自律性

（续）

C. 管理任务		
序　号	素质项	对应的性格特质
69	系统思考	条理性、分析思维
70	总结归纳	条理性、分析思维
71	逻辑思维	分析思维
72	求真务实	可靠性、主动性、关注细节

以素质项"坚韧抗压"和"说服影响"为例。坚韧抗压要求应聘者具备坚韧不拔的毅力、顽强不屈的精神，能够抵抗外界压力，克服一切困难去执行任务。从人才性格测评的视角来解读，即要求应聘者在抗压性和坚韧性这两个特质上表现较为突出。企业在选人过程中，如果想要关注应聘者是否具备坚韧抗压的素质，可关注性格测评中抗压性和坚韧性两个维度得分情况，抗压性和坚韧性的具体释义及特征如表 3-3 所示。

表 3-3 坚韧抗压与相关性格特质

性格特质	释　义	左侧特征	右侧特征
抗压性	个体高压情况下的情绪反应倾向	受压力影响大	受压力影响小
坚韧性	工作中面对困难、障碍的反应	遇到挫折难恢复	面对挫折恢复快

说服影响指说服或影响他人接受某一观点、采取某一行动的意识与能力，这条素质项常常出现在需要影响他人接受自己观点的岗位，如销售、律师、咨询顾问的人才画像中。支持说服影响的性格特质主要是影响性和分析思维，前者指通过说服等方式影响他人的偏好和倾向，后者指使用逻辑推理、数据分析等处理工作的倾向性。要具备说服影响的素质，需要应聘者在这两个性格特质上表现较为突出，影响性和分析思维的具体释义及特征如表 3-4 所示。

表 3-4 说服影响与相关性格特质

性格特质	释　义	左侧特征	右侧特征
影响性	通过说服，影响他人的偏好	不喜欢说服影响	喜欢说服影响
分析思维	使用逻辑处理工作的倾向	直觉思维	深入分析、琢磨

人才性格测评让画像更清晰

我们采用 2020 年德锐校招群体的人才性格测评数据，用相关统计方法衡量通过终面的应聘者群体和未通过终面的应聘者群体的真实差异。

以 2020 年德锐秋招候选人的 DR01 测评数据为样本，筛去无效测评后样本量 486 份，分析结果显示，相比未能通过终面的应聘者，成功加入德锐的应聘者表现为更强的分析思维、影响性、好奇心和成就动机（见图 3-2）。

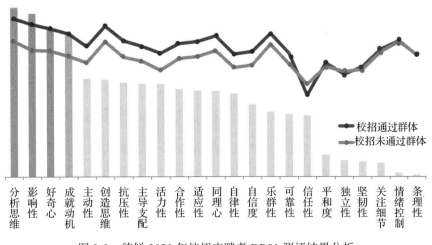

图 3-2　德锐 2020 年校招应聘者 DR01 测评结果分析

（1）分析思维是使用逻辑处理工作的倾向。在实际的工作中，咨询顾问都需要熟练运用逻辑分析处理复杂问题，而且喜欢琢磨，能够从项目的复杂问题中快速把握本质和根源。

（2）影响性更高的人往往拥有更强的说服和影响他人的偏好的能力。行业特征决定了德锐咨询的顾问需要在工作过程中推动项目，影响客户接受特定的管理理念和方案。

（3）好奇心是指对新观念、新想法的敏感和接受程度。我们支持每位员工参与和主导研发工作，这需要员工充分接触客户企业，对客户企业所在行业的趋势、内部经营管理以及对咨询领域等都充满好奇。

（4）成就动机更高，通过校招的群体更乐于为自己设定高目标，并展现出努力取得成功的倾向。能够加入德锐的员工，都具备强大的内驱力，能够自我激励，一步步走向目标，实现目标。

以上性格特质很好地吻合了德锐咨询关注的咨询顾问素质项，即钻研探索、影响推动、卓越交付等。我们成功录用的人，就是我们想要寻找的人。

性格测评可以帮助企业更清晰地绘制关键岗位的人才画像，从而更好更快地选择最合适的人。杰克·韦尔奇说："幸运的是，优秀的人才到处都有，你只要知道怎么去挑选。"

冰山下素质项筛选的四项原则

为了设计出更有效、更精准的人才画像，企业需要遵循特定的原则和方法，尽量避免一些常见误区。基于过往咨询及实战经验，我们总结出构建冰山下素质项的四项原则，分别是：咬合而非简单相关、均衡而不单一、独立而不交叉和缺一不可。

原则一：咬合而非简单相关

构建冰山下素质项的首要原则是"咬合而非简单相关"。

"咬合"是指这个素质项是助力员工产生高业绩的必备素质，缺少这个素质项将无法产生预期业绩。"相关"是指会影响绩效，但不是决定绩效高低的最关键的素质项。在筛选素质项的时候，是以"必要"而不是"需要"来进行素质项的筛选。

在我们过往的咨询经历中，当组织内部专家构建人才画像时，经常遇到参与人员对于胜任岗位的能力标准产生分歧，有人想要这个素质项，有人想要那个素质项，有人既想要这个素质项也想要那个素质项。这时候要引导大家重新思考这个岗位在公司内或部门内的价值定位、绩效产出标准和能力要求。标准的建立一定不能脱离岗位的实际需要，要从岗位需要出发，思考这个岗位的职责是什么，需要具体完成哪些工作任务，达成什么目标，达成目标的关键影响因素是什么。同时，在与工作绩效"咬合"的素质项中，优先选择那些培养难度较大的素质项。

抛开标准选人是不切实际的，不能期望招聘到完美的人，人才标准就是帮我们在面对不完美的人才时做出取舍。

原则二：均衡而不单一

管理学者罗伯特·卡茨在1955年提出了管理者三大能力模型。

该能力模型包括三大能力，第一个是技术能力，比如财务经理需要懂会计、财务方面的知识技能，人力资源经理需要懂劳动合同法和招聘方法。技术能力是开展工作、完成任务的前提条件，是任务管理的基础。第二大能力叫作人际能力，是指处理工作中的人际关系的能力，不管你做什么工作，都需要跟人打交道，需要表达自己，要协调跟其他人的行动等。第三大能力叫作概念能力，是对自身思维能力的管理，指的是抽象思考、看到大局、看到整体、看到不同关系的能力，概念能力就是一种系统思考的能力。

不论是什么层级的岗位，三大能力缺一不可，但三大能力的重要性有所区别。对于基层管理者，技术能力最重要；对于高层管理者，概念能力最重要；而人际能力对于基层、中层以及高层管理者都很重要。

每一个岗位的工作都会涉及管理任务、管理他人和管理自我三个维度，分别对应着工作任务的管理、工作关系的管理和自我意识的管理。在建立人才画像时，要充分考虑是否涉及这三个方面，以避免筛选维度过于单一。

原则三：独立而不交叉

独立而不交叉原则是麦肯锡的第一个女咨询顾问芭芭拉·明托提出的 MECE（mutually exclusive，collectively exhaustive）原则，意思是"相互独立，完全穷尽"，即对于一个重大的议题的原因分析，能够做到不重叠、不遗漏，而且能够借此把握问题的核心，并形成解决方案。所谓的"相互独立"意味着对问题的细分是在同一维度上，并且有明确区分，不可重叠。"完全穷尽"则意味着全面、周密。

构建并筛选素质项时，首先要将影响业绩结果的素质项进行列举和穷尽，其次根据业绩结果的相关性排序，筛选出排名前列的素质项，再进行精简合并，这样就不会有交叉的情况发生。强调独立而不交叉，一方面是为了不遗漏关键素质，另一方面也是从面试考察的效率出发，聚焦重点，避免重复考察而造成时间浪费。比如"持续改进"和"钻研探索"都是考察一个人的学习、总结和提升的能力，不可同时选取，再比如"先公后私"和"责任担当"，"锐意进取"和"成就动机"，一个先公后私的人，基本不会有推卸责任的情况发生，一个具有成就动机的人也绝对不会安于现状，如果研讨时同时选到了这样的素质项，需要进一步筛选。当需要多人面试或多轮面试时，清晰明确的考察项目也能更好地帮助分工。

除了要避免素质项考察内容重复之外，还要避免素质项过于空洞，比如很多管理者会提到的情商高、格局大、悟性高、领导力，这些素质项大而空，很难通过一个素质项来考察，往往需要好几个素质项的支撑和组合才能考察到。遇到这种情况时，需要对这些素质进行进一步的拆解，直到分解到达成共识的素质项。

原则四：缺一不可

人才画像中的素质项筛选的最后一个原则是缺一不可。缺一不可的意思是只要有一个素质项的考察未通过，则应聘者就会因不满足岗位画像卡的要求而被淘汰。

人无完人，每个人都有自己的不足。但是应聘者的不足点，不能与人才画像卡上任何一项素质存在明显差距。这些素质项组成了高绩效人员的必要条件，就像人体器官，既各自分工，又高度协同，缺一不可。

一个胜任的CHO，冰山下素质项是先公后私、坚定信念、战略思维、变革推动和组织智慧，如果明显缺失其中任何一项，对企业来说都可能造成很大的风险。CHO不能先公后私，则无法从企业长远利益出发制定政策；不能坚定信念，对企业的发展和人才的潜能缺少信心，则缺少动力，无法挖掘内部潜能；缺少战略思维，就无法帮助CEO实现其战略设想；缺少变革推动的能力，就无法助力企业突破瓶颈；缺少组织智慧，则很难洞察组织内部各方的需求。

考察任何一项冰山下的素质项，除了要掌握技巧，还需要时间。一般来说，在面试中，一个素质项的考察往往需要两个行为事例才能验证，而一个完整的行为事例需要5～10分钟才能描述清楚，所以一个素质项的考察会耗费10～15分钟的时间。素质项过多，在面试环节很难考察全面。因此，在人才画像中，只能选择那些缺一不可的素质项，让人才选拔的标准更加聚焦，也让人才选拔可以更加贴合用人实际。

从经验来看，达到"缺一不可"标准的素质项数量一般不超过五个。

通常情况下，一个公司的岗位画像会有一些通用素质项，其来源于企业价值观，体现了企业的用人倾向。从咨询实践来看，冰山下的素质项常见的组合形式是"3+2"或"4+1",其中前一个数字指通用素质项数量,后一个数字指特定岗位所需的专业素质项数量。

德锐咨询 72 项素质菜单

《人才画像》著书团队从德锐咨询实施过的 500 多个企业咨询项目中汇总了近 200 个素质项,并在这 200 个素质项的基础上进行再次提炼和总结,经过连续十几天,长达一百多个小时的一次次、一轮轮反复沟通和讨论,诞生了德锐咨询"72 项素质菜单"(见表 3-5)。我们将 72 个素质项,分成了管理自己、管理他人和管理任务三大类,几乎涵盖了 80% 以上常见的素质能力。德锐希望通过这样素质项的总结,能够帮助更多的企业更快地掌握冰山下素质的构建方法和原则。企业在实践中,可以在这 72 个素质项的基础上,结合共创共识法,快速构建岗位的人才画像。

表 3-5 72 项素质菜单

层级		01 管理自己		02 管理他人		03 管理任务
高层	1	全局意识	27	识人善用	42	战略执行
	2	事业雄心	28	使众人行	43	组织塑造
	3	廉洁自律	29	领导激励	44	战略规划
中层	4	坚持原则	30	开放包容	45	计划管理
	5	以身作则	31	培养他人	46	统筹规划
	6	锐意进取	32	人际敏锐	47	目标导向
	7	成就动机	33	团队管理	48	组织推动
	8	情绪管理	34	影响推动	49	经营思维
					50	果断决策
					51	解决问题
					52	资源整合
					53	项目管理
					54	系统思考

（续）

层级		01 管理自己		02 管理他人		03 管理任务
全员	9	先公后私	35	服务意识	55	组织承诺
	10	吃苦耐劳	36	客户至上	56	卓越交付
	11	责任担当	37	用户思维	57	开拓创新
	12	持续奋斗	38	团队协作	58	拥抱变化
	13	学习成长	39	沟通协调	59	钻研探索
	14	坚韧抗压	40	同理心	60	精准高效
	15	坚持不懈	41	合作共赢	61	精益求精
	16	工作激情			62	灵活应变
	17	适应能力			63	风险管控
	18	敬业精神			64	谈判能力
	19	勤奋努力			65	分析判断
	20	聪慧敏锐			66	商业洞察
	21	诚信正直			67	市场敏锐
	22	积极主动			68	严谨细致
	23	乐观自信			69	成本意识
	24	谦逊自省			70	总结归纳
	25	真诚友善			71	逻辑思维
	26	踏实可靠			72	求真务实

■ 关键发现

- 对于第一次构建人才画像的企业，共创共识"八步法"可以帮助企业在内部快速地建立人才画像，并达成共识。
- 对于追求精准度的企业来说，可以在共创共识"八步法"的基础上通过测评对比的方式来辅助进行人才画像的构建。
- 冰山下素质项筛选的四项原则是：咬合而非简单相关、均衡而不单一、独立而不交叉、缺一不可。
- "72项素质菜单"几乎涵盖了80%以上常见的素质能力，企业可以在此基础上结合共创共识"八步法"，快速地构建企业的人才画像。

Talent
Portrait

第 4 章

经典人才画像卡

工欲善其事，必先利其器。
——《论语》

本书从创作之初就被定义为一本实用的工具书，我们希望从实践出发，总结提炼经验，再回到实践，指导实践。在咨询项目实施过程中，我们积累了大量的实践经验，在培训和引导客户时，也收获了众多信息和反馈，在经过一次次优化和迭代后，沉淀为理论框架与实用工具。

在此，我们将项目上完成的上千个人才画像卡加以筛选，将企业常设的、特征明显的岗位的人才画像卡依次罗列，供大家参考选用。具体包括财务经理、人事经理、行政经理、销售经理、市场经理、研发经理、质量经理、运营经理、生产经理、采购经理共计十个常用的通用岗位人才画像卡（见表 4-1～表 4-10），首席执行官、首席财务官、首席人才官、首席技术官、首席市场官、首席运营官、首席信息官、首席产品官、首席战略官和董秘共计十个高管岗位人才画像卡（见表 4-11～表 4-20），化工、医药、投资、餐饮、教培、互联网、房地产、制造、建筑、外贸共计十个行业的若干个关键岗位人才画像卡（见表

4-21～表 4-68），以及德锐咨询在选人、用人、培养人时经常选用的人才画像卡（见表 4-69～表 4-71）。

从确定人才画像卡的岗位范围，到确定冰山上和冰山下素质项的内容，再到确定对每一个素质项的提问，我们一共经历了四轮的研讨与沟通，基于内部项目经验总结和外部相关研究，修改、打磨、完善，最终确定了 71 个人才画像卡。初步完成之后，我们发动公司全员力量，将各个人才画像卡拿到各类行业客户处使用，收集反馈信息，经过反复调整修改后，最终形成了本书中呈现的版本，供各位读者参考及使用。

十大通用岗位人才画像卡

表 4-1　财务经理人才画像卡

岗位名称	财务经理	
冰山上（学历、经验、技能）	1. 三年以上财务相关工作经历 2. 本科学历	
冰山下（价值观、素质、潜力、动机、个性）	考察项	精准提问话术
	坚持原则	1. 请分享，你不顾得罪人而把事情做正确的事例 2. 请分享，你成功抵挡外部较大的诱惑，维护公司利益的事例 3. 请分享，你克服压力和阻力，拒绝违反原则的事例
	全局意识	1. 请分享，你为了实现公司整体利益而在部门利益或个人利益上做出让步的事例 2. 请分享，你在工作内容已经非常饱和的情况下，依然接受组织更多任务安排的事例 3. 请分享，你比其他人更充分地从整体和全局角度出发，做出决策的事例
	团队管理	1. 请分享，你将士气低迷的松散团队打造成高绩效团队的事例 2. 请分享，你成功扭转团队当中不良习气的事例 3. 请分享，你克服困难，带领团队完成得最成功的一次任务

（续）

岗位名称		财务经理
冰山下 （价值观、素质、潜力、动机、个性）	严谨细致	1. 请分享，你发现某个细节问题，为公司挽回损失或创造额外价值的事例
		2. 请分享，你比别人更早发现某项工作错误的事例
		3. 请分享，你在同一时间，准确无误处理多项琐碎工作任务的事例
	目标导向	1. 请分享，你比别人更清晰地理解和把握目标，组织资源和力量实现目标的事例
		2. 请分享，你克服困难或抵制诱惑，坚定目标并达成的事例
		3. 请分享，你从最终目标出发，灵活调整策略达成目标结果的事例

表4-2 人事经理人才画像卡

岗位名称		人事经理
冰山上 （学历、经验、技能）		1. 三年以上人力相关工作经历 2. 本科学历
	考察项	精准提问话术
冰山下 （价值观、素质、潜力、动机、个性）	全局意识	1. 请分享，你为了实现公司整体利益而在部门利益或个人利益做出让步的事例
		2. 请分享，你在工作内容已经非常饱和的情况下，依然接受组织更多任务安排的事例
		3. 请分享，你比其他人更充分地从整体和全局角度出发，做出决策的事例
	人际敏锐	1. 请分享，你发现别人的潜在需求并主动提供帮助的事例
		2. 请分享，你比别人更早觉察他人需求或情绪变化，并有效应对的事例
		3. 请分享，你觉察到组织当中不和谐的关系氛围，并及时处理的事例
	团队管理	1. 请分享，你将士气低迷的松散团队打造成高绩效团队的事例
		2. 请分享，你成功扭转团队当中不良习气的事例
		3. 请分享，你克服困难，带领团队完成得最成功的一次任务
	组织推动	1. 请分享，同一件事（活动/项目/变革），别人没推动成功，但你成功推动的事例

（续）

岗位名称		人事经理
冰山下（价值观、素质、潜力、动机、个性）	组织推动	2. 请分享，你成功推动落实对公司影响重大的组织变革的事例
		3. 请分享，面对某项新制度或方案推行受阻，你克服阻力成功推进落地的事例
	目标导向	1. 请分享，你比别人更清晰地理解和把握目标，组织资源和力量实现目标的事例
		2. 请分享，你克服困难或抵制诱惑，坚定目标并达成的事例
		3. 请分享，你从最终目标出发，灵活调整策略达成目标结果的事例

表 4-3　行政经理人才画像卡

岗位名称		行政经理
冰山上（学历、经验、技能）		1. 三年以上行政相关工作经历 2. 本科学历
	考察项	精准提问话术
冰山下（价值观、素质、潜力、动机、个性）	全局意识	1. 请分享，你为了实现公司整体利益而在部门利益或个人利益做出让步的事例
		2. 请分享，你在工作内容已经非常饱和的情况下，依然接受组织更多任务安排的事例
		3. 请分享，你比其他人更充分地从整体和全局角度出发，做出决策的事例
	服务意识	1. 请分享，你主动响应他人需求，出色完成任务的事例
		2. 请分享，你提前发现了客户需求，给客户带来惊喜的事例
		3. 请分享，在过往的经历中，你做过的最感动客户的事例
	团队管理	1. 请分享，你将士气低迷的松散团队打造成高绩效团队的事例
		2. 请分享，你成功扭转团队当中不良习气的事例
		3. 请分享，你克服困难，带领团队完成得最成功的一次任务
	精准高效	1. 请分享，你长期做一项工作，很少出错和返工，总能高标准交付的事例
		2. 请分享，你出色完成上级紧急交代的一项重要工作的事例
		3. 请分享，同一项工作任务，你比他人完成得更好、更快的事例

（续）

岗位名称		行政经理
冰山下（价值观、素质、潜力、动机、个性）	目标导向	1. 请分享，你比别人更清晰地理解和把握目标，组织资源和力量实现目标的事例
		2. 请分享，你克服困难或抵制诱惑，坚定目标并达成的事例
		3. 请分享，你从最终目标出发，灵活调整策略达成目标结果的事例

表4-4 销售经理人才画像卡

岗位名称		销售经理
冰山上（学历、经验、技能）		1. 三年以上销售相关工作经历 2. 大专学历
	考察项	精准提问话术
冰山下（价值观、素质、潜力、动机、个性）	全局意识	1. 请分享，你为了实现公司整体利益而在部门利益或个人利益做出让步的事例
		2. 请分享，你在工作内容已经非常饱和的情况下，依然接受组织更多任务安排的事例
		3. 请分享，你比其他人更充分地从整体和全局角度出发，做出决策的事例
	成就动机	1. 请分享，相比周围的人，你设定了更高的目标并达成的事例
		2. 请分享，你设定了最有挑战性的目标，并通过努力达成的事例
		3. 请分享，你设定了别人觉得不可能实现的目标，为之付出巨大努力的事例
	团队管理	1. 请分享，你将士气低迷的松散团队打造成高绩效团队的事例
		2. 请分享，你成功扭转团队当中不良习气的事例
		3. 请分享，你克服困难，带领团队完成得最成功的一次任务
	影响推动	1. 请分享，你成功影响他人接受产品/方案，给公司带来巨大收益的事例
		2. 请分享，与上级观点/做法有分歧时，你成功说服上级的事例
		3. 请分享，面对他人不配合，你依然如期推进工作的事例
	目标导向	1. 请分享，你比别人更清晰地理解和把握目标，组织资源和力量实现目标的事例
		2. 请分享，你克服困难或抵制诱惑，坚定目标并达成的事例
		3. 请分享，你从最终目标出发，灵活调整策略达成目标结果的事例

表 4-5 市场经理人才画像卡

岗位名称	市场经理	
冰山上（学历、经验、技能）	1. 三年以上市场相关工作经历 2. 本科学历	
冰山下（价值观、素质、潜力、动机、个性）	考察项	精准提问话术
	全局意识	1. 请分享，你为了实现公司整体利益而在部门利益或个人利益做出让步的事例
		2. 请分享，你在工作内容已经非常饱和的情况下，依然接受组织更多任务安排的事例
		3. 请分享，你比其他人更充分地从整体和全局角度出发，做出决策的事例
	锐意进取	1. 请分享，你为了改变现状，全力以赴推动工作改进提升的事例
		2. 请分享，面对传统方法无法解决的工作问题，你成功解决的事例
		3. 请分享，周围人安于现状、斗志不高，你依然寻求突破的事例
	团队管理	1. 请分享，你将士气低迷的松散团队打造成高绩效团队的事例
		2. 请分享，你成功扭转团队当中不良习气的事例
		3. 请分享，你克服困难，带领团队完成得最成功的一次任务
	市场敏锐	1. 请分享，你发现了别人都没发现的客户的潜在需求的事例
		2. 请分享，你提前发现了客户的潜在需求的事例
		3. 请分享，你准确预测客户需求或市场趋势的事例
	目标导向	1. 请分享，你比别人更清晰地理解和把握目标，组织资源和力量实现目标的事例
		2. 请分享，你克服困难或抵制诱惑，坚定目标并达成的事例
		3. 请分享，你从最终目标出发，灵活调整策略达成目标结果的事例

表 4-6　研发经理人才画像卡

岗位名称		研发经理
冰山上（学历、经验、技能）		1. 三年以上研发相关工作经历 2. 本科学历
冰山下（价值观、素质、潜力、动机、个性）	考察项	精准提问话术
	全局意识	1. 请分享，你为了实现公司整体利益而在部门利益或个人利益做出让步的事例
		2. 请分享，你在工作内容已经非常饱和的情况下，依然接受组织更多任务安排的事例
		3. 请分享，你比其他人更充分地从整体和全局角度出发，做出决策的事例
	钻研探索	1. 请分享，你主导解决的最复杂的技术性问题的事例
		2. 请分享，你发现并引入的一项创新，为公司带来重大突破的事例
		3. 请分享，你通过不断学习新知识和新技能提升工作效率的事例
	团队管理	1. 请分享，你将士气低迷的松散团队打造成高绩效团队的事例
		2. 请分享，你成功扭转团队当中不良习气的事例
		3. 请分享，你克服困难，带领团队完成得最成功的一次任务
	用户思维	1. 请分享，你从用户需求出发设计或优化产品或服务的事例
		2. 请分享，你主动提升服务质量，获得用户尊重和认可的事例
		3. 请分享，你成功挖掘用户潜在需求，并为用户带来价值的事例
	目标导向	1. 请分享，你比别人更清晰地理解和把握目标，组织资源和力量实现目标的事例
		2. 请分享，你克服困难或抵制诱惑，坚定目标并达成的事例
		3. 请分享，你从最终目标出发，灵活调整策略达成目标结果的事例

表 4-7 质量经理人才画像卡

岗位名称	质量经理	
冰山上 （学历、经验、技能）	1. 三年以上质量相关工作经历 2. 本科学历	
冰山下 （价值观、素质、潜力、动机、个性）	考察项	精准提问话术
	全局意识	1. 请分享，你为了实现公司整体利益而在部门利益或个人利益做出让步的事例
		2. 请分享，你在工作内容已经非常饱和的情况下，依然接受组织更多任务安排的事例
		3. 请分享，你比其他人更充分地从整体和全局角度出发，做出决策的事例
	坚持原则	1. 请分享，你不顾得罪人而把事情做正确的事例
		2. 请分享，你成功抵挡外部较大的诱惑，维护公司利益的事例
		3. 请分享，你克服压力和阻力，拒绝违反原则的事例
	团队管理	1. 请分享，你将士气低迷的松散团队打造成高绩效团队的事例
		2. 请分享，你成功扭转团队当中不良习气的事例
		3. 请分享，你克服困难，带领团队完成得最成功的一次任务
	分析判断	1. 请分享，你比别人更快做出分析判断，帮助组织做出决策的事例
		2. 请分享，在紧急情况下你做出准确判断的事例
		3. 请分享，面对复杂形势，别人束手无策，你做出正确分析和判断的事例
	目标导向	1. 请分享，你比别人更清晰地理解和把握目标，组织资源和力量实现目标的事例
		2. 请分享，你克服困难或抵制诱惑，坚定目标并达成的事例
		3. 请分享，你从最终目标出发，灵活调整策略达成目标结果的事例

表 4-8　运营经理人才画像卡

岗位名称	运营经理	
冰山上（学历、经验、技能）	1. 三年以上运营相关工作经历 2. 本科学历	
冰山下（价值观、素质、潜力、动机、个性）	考察项	精准提问话术
	全局意识	1. 请分享，你为了实现公司整体利益而在部门利益或个人利益做出让步的事例
		2. 请分享，你在工作内容已经非常饱和的情况下，依然接受组织更多任务安排的事例
		3. 请分享，你比其他人更充分地从整体和全局角度出发，做出决策的事例
	沟通协调	1. 请分享，面对别人推脱，你成功协调他人配合你工作的事例
		2. 请分享，面对多人参与的复杂局面，你有效组织促成合作的事例
		3. 请分享，面对分歧，你成功地与他人达成合作的事例
	团队管理	1. 请分享，你将士气低迷的松散团队打造成高绩效团队的事例
		2. 请分享，你成功扭转团队当中不良习气的事例
		3. 请分享，你克服困难，带领团队完成得最成功的一次任务
	统筹规划	1. 请分享，你为一个长期目标的实现，预先安排、合理布局的事例
		2. 请分享，同时面对多个任务或复杂任务，你合理安排并出色完成的事例
		3. 请分享，你在资源有限的情况下，合理调配资源确保目标达成的事例
	目标导向	1. 请分享，你比别人更清晰地理解和把握目标，组织资源和力量实现目标的事例
		2. 请分享，你克服困难或抵制诱惑，坚定目标并达成的事例
		3. 请分享，你从最终目标出发，灵活调整策略达成目标结果的事例

表 4-9　生产经理人才画像卡

岗位名称	生产经理	
冰山上（学历、经验、技能）	1. 三年以上生产相关工作经历 2. 本科学历	
冰山下（价值观、素质、潜力、动机、个性）	考察项	精准提问话术
	全局意识	1. 请分享，你为了实现公司整体利益而在部门利益或个人利益做出让步的事例
		2. 请分享，你在工作内容已经非常饱和的情况下，依然接受组织更多任务安排的事例
		3. 请分享，你比其他人更充分地从整体和全局角度出发，做出决策的事例
	精益求精	1. 请分享，你不厌其烦地改进某项工作，超出领导或客户预期的事例
		2. 请分享，你通过改进现有工作方法，显著提升工作效率的事例
		3. 请分享，别人觉得行了，但你仍不满意并继续改进的事例
	团队管理	1. 请分享，你将士气低迷的松散团队打造成高绩效团队的事例
		2. 请分享，你成功扭转团队当中不良习气的事例
		3. 请分享，你克服困难，带领团队完成得最成功的一次任务
	卓越交付	1. 请分享，同样一件事，比过去完成得更好的事例
		2. 请分享，同样一件事，比同事或同行做得更好的事例
		3. 请分享，你做过的超出客户要求或期望的事例
	目标导向	1. 请分享，你比别人更清晰地理解和把握目标，组织资源和力量实现目标的事例
		2. 请分享，你克服困难或抵制诱惑，坚定目标并达成的事例
		3. 请分享，你从最终目标出发，灵活调整策略达成目标结果的事例

表 4-10 采购经理人才画像卡

岗位名称	采购经理	
冰山上（学历、经验、技能）	1. 三年以上采购相关工作经历 2. 大专学历	
冰山下（价值观、素质、潜力、动机、个性）	考察项	精准提问话术
	全局意识	1. 请分享，你为了实现公司整体利益而在部门利益或个人利益做出让步的事例
		2. 请分享，你在工作内容已经非常饱和的情况下，依然接受组织更多任务安排的事例
		3. 请分享，你比其他人更充分地从整体和全局角度出发，做出决策的事例
	诚信正直	1. 请分享，你纠正或阻止他人违反规则的事例
		2. 请分享，你遇到阻碍和困难依然兑现承诺的事例
		3. 请分享，面对诱惑，你依然坚守规则的事例
	团队管理	1. 请分享，你将士气低迷的松散团队打造成高绩效团队的事例
		2. 请分享，你成功扭转团队当中不良习气的事例
		3. 请分享，你克服困难，带领团队完成得最成功的一次任务
	谈判能力	1. 请分享，面对争执不下的一次谈判，你成功达成谈判目标的事例
		2. 请分享，别人未能谈判成功，而你成功达到谈判目标的事例
		3. 请分享，面对最强势的供应商/谈判对象，你成功为公司争取到最大利益的事例
	目标导向	1. 请分享，你比别人更清晰地理解和把握目标，组织资源和力量实现目标的事例
		2. 请分享，你克服困难或抵制诱惑，坚定目标并达成的事例
		3. 请分享，你从最终目标出发，灵活调整策略达成目标结果的事例

十大高管岗位人才画像卡

表 4-11 首席执行官人才画像卡

岗位名称	首席执行官		
冰山上（学历、经验、技能）	1. 本科以上学历 2. 七年以上管理岗位工作经历		
冰山下（价值观、素质、潜力、动机、个性）	考察项	精准提问话术	
	战略执行	1. 请分享，你将公司的战略分解到部门和下属的工作中，并成功落实的事例	
		2. 请分享，你合理制定具体的战略举措，确保战略目标实现的事例	
		3. 请分享，你排除多重阻力，确保战略成功执行的事例	
	商业洞察	1. 请分享，你通过对市场动态的评估，发现新商机的事例	
		2. 请分享，你比他人更快发现新商机的事例	
		3. 请分享，你发现新商机，并将商机转化为市场产品的事例	
	先公后私	1. 请分享，面对个人利益与组织利益发生冲突，你成功处理的事例	
		2. 请分享，遇到别人做出损害公司利益的事情，你正确处理的事例	
		3. 请分享，你为了完成工作目标而做出的最大个人牺牲的事例	
	领导激励	1. 请分享，面对团队成员信心不足，你成功激励团队实现挑战性目标的事例	
		2. 请分享，团队在经历失败和挫折后，你激励团队取得成功的事例	
		3. 请分享，通过表彰或认可等非物质形式成功激发团队积极性的事例	
	事业雄心	1. 请分享，你提出了宏伟的事业目标并为之努力的事例	
		2. 请分享，在过往经历中，事业遇到挫折或困境，你依然坚持不懈努力的事例	
		3. 请分享，你为实现超越个人利益之上的事业追求，做出努力的事例	

表 4-12　首席财务官人才画像卡

岗位名称	首席财务官	
冰山上（学历、经验、技能）	1. 本科以上学历 2. 五年以上管理岗位工作经历	
	考察项	精准提问话术
冰山下（价值观、素质、潜力、动机、个性）	经营思维	1. 请分享，你提出的一个帮助公司获得更大收益的方案的事例
		2. 请分享，你帮助公司以更小的支出获得更大收益的事例
		3. 请分享，你通过改革创新，提升公司经营收益的事例
	风险管控	1. 请分享，你成功补救过的一个严重的管理漏洞的事例
		2. 请分享，你通过风险的预防与处理，帮助公司避免重大损失的事例
		3. 请分享，你发现了别人没有发现的风险点，帮助公司避免重大损失的事例
	先公后私	1. 请分享，面对个人利益与组织利益发生冲突，你成功处理的事例
		2. 请分享，遇到别人做出损害公司利益的事情，你正确处理的事例
		3. 请分享，你为了完成工作目标而做出的最大个人牺牲的事例
	领导激励	1. 请分享，面对团队成员信心不足，你成功激励团队实现挑战性目标的事例
		2. 请分享，团队在经历失败和挫折后，你激励团队取得成功的事例
		3. 请分享，通过表彰或认可等非物质形式成功激发团队积极性的事例
	事业雄心	1. 请分享，你提出了宏伟的事业目标并为之努力的事例
		2. 请分享，在过往经历中，事业遇到挫折或困境，你依然坚持不懈努力的事例
		3. 请分享，你为实现超越个人利益之上的事业追求，做出努力的事例

表 4-13　首席人才官人才画像卡

岗位名称	首席人才官	
冰山上（学历、经验、技能）	1. 本科以上学历 2. 五年以上管理岗位工作经历	
冰山下（价值观、素质、潜力、动机、个性）	考察项	精准提问话术
	识人善用	1. 请分享，别人不看好的人，你发现其优势放在合适岗位正确使用的事例 2. 请分享，你发现下属潜在优势，帮助其体现价值的事例 3. 请分享，你承受一定压力，破格提拔人才的成功事例
	组织塑造	1. 请分享，你将优秀的经验做法固化成流程或机制的事例 2. 请分享，在工作中，你成功打造某一项组织能力的事例 3. 请分享，在组织中，你成功改变一种不良风气的事例
	先公后私	1. 请分享，面对个人利益与组织利益发生冲突，你成功处理的事例 2. 请分享，遇到别人做出损害公司利益的事情，你正确处理的事例 3. 请分享，你为了完成工作目标而做出的最大个人牺牲的事例
	领导激励	1. 请分享，面对团队成员信心不足，你成功激励团队实现挑战性目标的事例 2. 请分享，团队在经历失败和挫折后，你激励团队取得成功的事例 3. 请分享，通过表彰或认可等非物质形式成功激发团队积极性的事例
	事业雄心	1. 请分享，你提出了宏伟的事业目标并为之努力的事例 2. 请分享，在过往经历中，事业遇到挫折或困境，你依然坚持不懈努力的事例 3. 请分享，你为实现超越个人利益之上的事业追求，做出努力的事例

表 4-14　首席技术官人才画像卡

岗位名称		首席技术官
冰山上（学历、经验、技能）		1. 本科以上学历 2. 五年以上管理岗位工作经历
	考察项	精准提问话术
冰山下（价值观、素质、潜力、动机、个性）	用户思维	1. 请分享，你从用户需求出发设计或优化产品或服务的事例
		2. 请分享，你主动提升服务质量，获得用户尊重和认可的事例
		3. 请分享，你成功挖掘用户潜在需求，并为用户带来价值的事例
	开拓创新	1. 请分享，你的一项创新对于整个工作的成功起到至关重要作用的事例
		2. 请分享，你通过主动搜寻改善点提升工作质量/效率的事例
		3. 请分享，你打破常规，用新方法解决长期困扰的工作难题的事例
	先公后私	1. 请分享，面对个人利益与组织利益发生冲突，你成功处理的事例
		2. 请分享，遇到别人做出损害公司利益的事情，你正确处理的事例
		3. 请分享，你为了完成工作目标而做出的最大个人牺牲的事例
	领导激励	1. 请分享，面对团队成员信心不足，你成功激励团队实现挑战性目标的事例
		2. 请分享，团队在经历失败和挫折后，你激励团队取得成功的事例
		3. 请分享，通过表彰或认可等非物质形式成功激发团队积极性的事例
	事业雄心	1. 请分享，你提出了宏伟的事业目标并为之努力的事例
		2. 请分享，在过往经历中，事业遇到挫折或困境，你依然坚持不懈努力的事例
		3. 请分享，你为实现超越个人利益之上的事业追求，做出努力的事例

表 4-15　首席市场官人才画像卡

岗位名称	首席市场官	
冰山上（学历、经验、技能）	1. 本科以上学历 2. 五年以上管理岗位工作经历	
冰山下（价值观、素质、潜力、动机、个性）	考察项	精准提问话术
	商业洞察	1. 请分享，你通过对市场动态的评估，发现新商机的事例
		2. 请分享，你比他人更快发现新商机的事例
		3. 请分享，你发现新商机，并将商机转化为市场产品的事例
	开拓创新	1. 请分享，你的一项创新对于整个工作的成功起到至关重要作用的事例
		2. 请分享，你通过主动搜寻改善点提升工作质量/效率的事例
		3. 请分享，你打破常规，用新方法解决长期困扰的工作难题的事例
	先公后私	1. 请分享，面对个人利益与组织利益发生冲突，你成功处理的事例
		2. 请分享，遇到别人做出损害公司利益的事情，你正确处理的事例
		3. 请分享，你为了完成工作目标而做出的最大个人牺牲的事例
	领导激励	1. 请分享，面对团队成员信心不足，你成功激励团队实现挑战性目标的事例
		2. 请分享，团队在经历失败和挫折后，你激励团队取得成功的事例
		3. 请分享，通过表彰或认可等非物质形式成功激发团队积极性的事例
	事业雄心	1. 请分享，你提出了宏伟的事业目标并为之努力的事例
		2. 请分享，在过往经历中，事业遇到挫折或困境，你依然坚持不懈努力的事例
		3. 请分享，你为实现超越个人利益之上的事业追求，做出努力的事例

表 4-16 首席运营官人才画像卡

岗位名称	首席运营官		
冰山上（学历、经验、技能）	1. 本科以上学历 2. 五年以上管理岗位工作经历		
冰山下（价值观、素质、潜力、动机、个性）	**考察项**	**精准提问话术**	
	资源整合	1. 请分享，面对资源不足，你寻求资源出色完成任务的事例	
		2. 请分享，你成功整合多个利益方的资源，实现资源融合、互利共赢的事例	
		3. 请分享，你通过资源重组、盘活、激发，最大化为公司创造价值的事例	
	组织推动	1. 请分享，同一件事（活动/项目/变革），别人没推动成功，但你成功推动的事例	
		2. 请分享，你成功推动落实对公司影响重大的组织变革的事例	
		3. 请分享，面对某项新制度或方案推行受阻，你克服阻力成功推进落地的事例	
	先公后私	1. 请分享，面对个人利益与组织利益发生冲突，你成功处理的事例	
		2. 请分享，遇到别人做出损害公司利益的事情，你正确处理的事例	
		3. 请分享，你为了完成工作目标而做出的最大个人牺牲的事例	
	领导激励	1. 请分享，面对团队成员信心不足，你成功激励团队实现挑战性目标的事例	
		2. 请分享，团队在经历失败和挫折后，你激励团队取得成功的事例	
		3. 请分享，通过表彰或认可等非物质形式成功激发团队积极性的事例	
	事业雄心	1. 请分享，你提出了宏伟的事业目标并为之努力的事例	
		2. 请分享，在过往经历中，事业遇到挫折或困境，你依然坚持不懈努力的事例	
		3. 请分享，你为实现超越个人利益之上的事业追求，做出努力的事例	

表 4-17　首席信息官人才画像卡

岗位名称	首席信息官	
冰山上（学历、经验、技能）	1. 本科以上学历 2. 五年以上管理岗位工作经历	
	考察项	精准提问话术
冰山下（价值观、素质、潜力、动机、个性）	系统思考	1. 请分享，你从整体、长期的角度来思考设计某个方案的事例
		2. 请分享，相比别人，你的提议更全面、更系统的事例
		3. 请分享，通过整理和分析信息，你找出规律成功构建模型的事例
	经营思维	1. 请分享，你提出的一个帮助公司获得更大收益的方案的事例
		2. 请分享，你帮助公司以更小的支出获得更大收益的事例
		3. 请分享，你通过改变创新，提升公司经营收益的事例
	先公后私	1. 请分享，面对个人利益与组织利益发生冲突，你成功处理的事例
		2. 请分享，遇到别人做出损害公司利益的事情，你正确处理的事例
		3. 请分享，你为了完成工作目标而做出的最大个人牺牲的事例
	领导激励	1. 请分享，面对团队成员信心不足，你成功激励团队实现挑战性目标的事例
		2. 请分享，团队在经历失败和挫折后，你激励团队取得成功的事例
		3. 请分享，通过表彰或认可等非物质形式成功激发团队积极性的事例
	事业雄心	1. 请分享，你提出了宏伟的事业目标并为之努力的事例
		2. 请分享，在过往经历中，事业遇到挫折或困境，你依然坚持不懈努力的事例
		3. 请分享，你为实现超越个人利益之上的事业追求，做出努力的事例

表 4-18 首席产品官人才画像卡

岗位名称	首席产品官	
冰山上（学历、经验、技能）	1. 本科以上学历 2. 五年以上管理岗位工作经历	
冰山下（价值观、素质、潜力、动机、个性）	考察项	精准提问话术
	用户思维	1. 请分享，你从用户需求出发设计或优化产品或服务的事例
		2. 请分享，你主动提升服务质量，获得用户尊重和认可的事例
		3. 请分享，你成功挖掘用户潜在需求，并为用户带来价值的事例
	经营思维	1. 请分享，你提出的一个帮助公司获得更大收益的方案的事例
		2. 请分享，你帮助公司以更小的支出获得更大收益的事例
		3. 请分享，你通过改革创新，提升公司经营收益的事例
	先公后私	1. 请分享，面对个人利益与组织利益发生冲突，你成功处理的事例
		2. 请分享，遇到别人做出损害公司利益的事情，你正确处理的事例
		3. 请分享，你为了完成工作目标而做出的最大个人牺牲的事例
	领导激励	1. 请分享，面对团队成员信心不足，你成功激励团队实现挑战性目标的事例
		2. 请分享，团队在经历失败和挫折后，你激励团队取得成功的事例
		3. 请分享，通过表彰或认可等非物质形式成功激发团队积极性的事例
	事业雄心	1. 请分享，你提出了宏伟的事业目标并为之努力的事例
		2. 请分享，在过往经历中，事业遇到挫折或困境，你依然坚持不懈努力的事例
		3. 请分享，你为实现超越个人利益之上的事业追求，做出努力的事例

表 4-19　首席战略官人才画像卡

岗位名称	首席战略官		
冰山上（学历、经验、技能）	1. 本科以上学历 2. 五年以上管理岗位工作经历		
冰山下（价值观、素质、潜力、动机、个性）	考察项	精准提问话术	
	战略规划	1. 请分享，你提前发现了客户的潜在需求的事例	
		2. 请分享，你准确预测客户需求或市场趋势的事例	
		3. 请分享，你根据行业趋势做出战略调整与优化的事例	
	商业洞察	1. 请分享，你通过对市场动态的评估，发现新商机的事例	
		2. 请分享，你比他人更快发现新商机的事例	
		3. 请分享，你发现新商机，并将商机转化为市场产品的事例	
	先公后私	1. 请分享，面对个人利益与组织利益发生冲突，你成功处理的事例	
		2. 请分享，遇到别人做出损害公司利益的事情，你正确处理的事例	
		3. 请分享，你为了完成工作目标而做出的最大个人牺牲的事例	
	领导激励	1. 请分享，面对团队成员信心不足，你成功激励团队实现挑战性目标的事例	
		2. 请分享，团队在经历失败和挫折后，你激励团队取得成功的事例	
		3. 请分享，通过表彰或认可等非物质形式成功激发团队积极性的事例	
	事业雄心	1. 请分享，你提出了宏伟的事业目标并为之努力的事例	
		2. 请分享，在过往经历中，事业遇到挫折或困境，你依然坚持不懈努力的事例	
		3. 请分享，你为实现超越个人利益之上的事业追求，做出努力的事例	

表 4-20 董事会秘书人才画像卡

岗位名称	董事会秘书	
冰山上（学历、经验、技能）	1. 本科以上学历 2. 五年以上管理岗位工作经历	
冰山下（价值观、素质、潜力、动机、个性）	考察项	精准提问话术
	组织推动	1. 请分享，同一件事（活动/项目/变革），别人没推动成功，但你成功推动的事例
		2. 请分享，你成功推动落实对公司影响重大的组织变革的事例
		3. 请分享，面对某项新制度或方案推行受阻，你克服阻力成功推进落地的事例
	严谨细致	1. 请分享，你发现某个细节问题，为公司挽回损失或创造额外价值的事例
		2. 请分享，你比别人更早发现某项工作错误的事例
		3. 请分享，你在同一时间，准确无误地处理多项琐碎工作任务的事例
	先公后私	1. 请分享，面对个人利益与组织利益发生冲突，你成功处理的事例
		2. 请分享，遇到别人做出损害公司利益的事情，你正确处理的事例
		3. 请分享，你为了完成工作目标而做出的最大个人牺牲的事例
	领导激励	1. 请分享，面对团队成员信心不足，你成功激励团队实现挑战性目标的事例
		2. 请分享，团队在经历失败和挫折后，你激励团队取得成功的事例
		3. 请分享，通过表彰或认可等非物质形式成功激发团队积极性的事例
	事业雄心	1. 请分享，你提出了宏伟的事业目标并为之努力的事例
		2. 请分享，在过往经历中，事业遇到挫折或困境，你依然坚持不懈努力的事例
		3. 请分享，你为实现超越个人利益之上的事业追求，做出努力的事例

十大行业关键岗位人才画像卡

化工行业

表 4-21 化验工程师人才画像卡

岗位名称		化验工程师
冰山上（学历、经验、技能）		1. 本科及以上学历 2. 化学化工相关专业
冰山下（价值观、素质、潜力、动机、个性）	考察项	精准提问话术
	责任担当	1. 请分享，不是你的职责，你承担并完成的事例
		2. 请分享，别人不愿承担，你主动承担并完成的事例
		3. 请分享，知道任务有风险，你依然承担的事例
	团队协作	1. 请分享，你发现无人担当的重要任务时，主动补位，促成团队目标顺利达成的事例
		2. 请分享，你主动与一个很难相处的人达成合作的事例
		3. 请分享，你与他人合作完成挑战性强的任务的事例
	分析判断	1. 请分享，你比别人更快做出分析判断，帮助组织做出决策的事例
		2. 请分享，在紧急情况下你做出准确判断的事例
		3. 请分享，面对复杂形势，别人束手无策，你做出正确分析和判断的事例
	严谨细致	1. 请分享，你发现某个细节问题，为公司挽回损失或创造额外价值的事例
		2. 请分享，你比别人更早发现某项工作错误的事例
		3. 请分享，你在同一时间，准确无误地处理多项琐碎工作任务的事例

表 4-22　研发工程师人才画像卡

岗位名称		研发工程师
冰山上 （学历、经验、技能）		1. 本科及以上学历 2. 化学化工相关专业 3. 一年以上工作经历
冰山下 （价值观、素质、潜力、动机、个性）	考察项	精准提问话术
	责任担当	1. 请分享，不是你的职责，你承担并完成的事例 2. 请分享，别人不愿承担，你主动承担并完成的事例 3. 请分享，知道任务有风险，你依然承担的事例
	沟通协调	1. 请分享，面对别人推脱，你成功协调他人配合你工作的事例 2. 请分享，面对多人参与的复杂局面，你有效组织促成合作的事例 3. 请分享，面对分歧，你成功与他人达成合作的事例
	钻研探索	1. 请分享，你主导解决的最复杂的技术性问题的事例 2. 请分享，你发现并引入的一项创新，为公司带来重大突破的事例 3. 请分享，你通过不断学习新知识和新技能提升工作效率的事例
	严谨细致	1. 请分享，你发现某个细节问题，为公司挽回损失或创造额外价值的事例 2. 请分享，你比别人更早发现某项工作错误的事例 3. 请分享，你在同一时间，准确无误地处理多项琐碎工作任务的事例

表 4-23　环境安全工程师人才画像卡

岗位名称		环境安全工程师
冰山上 （学历、经验、技能）		大专及以上学历
冰山下 （价值观、素质、潜力、动机、个性）	考察项	精准提问话术
	坚持原则	1. 请分享，你不顾得罪人而把事情做正确的事例 2. 请分享，你成功抵挡外部较大的诱惑，维护公司利益的事例 3. 请分享，你克服压力和阻力，拒绝违反原则的事例
	沟通协调	1. 请分享，面对别人推脱，你成功协调他人配合你工作的事例 2. 请分享，面对多人参与的复杂局面，你有效组织促成合作的事例 3. 请分享，面对分歧，你成功与他人达成合作的事例

（续）

岗位名称		环境安全工程师
冰山下 （价值观、素质、潜力、动机、个性）	风险管控	1. 请分享，你成功补救过的一个严重的管理漏洞的事例
		2. 请分享，你通过风险的预防与处理，帮助公司避免重大损失的事例
		3. 请分享，你发现了别人没有发现的风险点，帮助公司避免重大损失的事例
	严谨细致	1. 请分享，你发现某个细节问题，为公司挽回损失或创造额外价值的事例
		2. 请分享，你比别人更早发现某项工作错误的事例
		3. 请分享，你在同一时间，准确无误地处理多项琐碎工作任务的事例

医药健康行业

表 4-24　药品研发工程师人才画像卡

岗位名称		药品研发工程师
冰山上 （学历、经验、技能）		1. 本科及以上学历 2. 医药等相关专业
	考察项	精准提问话术
冰山下 （价值观、素质、潜力、动机、个性）	责任担当	1. 请分享，不是你的职责，你承担并完成的事例
		2. 请分享，别人不愿承担，你主动承担并完成的事例
		3. 请分享，知道任务有风险，你依然承担的事例
	成就动机	1. 请分享，相比周围的人，你设定了更高的目标并达成的事例
		2. 请分享，你设定了最有挑战性的目标，并通过努力达成的事例
		3. 请分享，你设定了别人觉得不可能实现的目标，为之付出巨大努力的事例
	团队协作	1. 请分享，你发现无人担当的重要任务时，主动补位，促成团队目标顺利达成的事例
		2. 请分享，你主动与一个很难相处的人达成合作的事例
		3. 请分享，你与他人合作完成挑战性强的任务的事例

（续）

岗位名称		药品研发工程师
冰山下（价值观、素质、潜力、动机、个性）	钻研探索	1. 请分享，你主导解决的最复杂的技术性问题的事例
		2. 请分享，你发现并引入的一项创新，为公司带来重大突破的事例
		3. 请分享，你通过不断学习新知识和新技能提升工作效率的事例
	坚韧抗压	1. 请分享，面对一项巨大的挫折，你成功应对的事例
		2. 请分享，面对一段长期困境，你成功走出的事例
		3. 请分享，大多数人都没有坚持住，但你依然坚持的事例

表 4-25　医药代表人才画像卡

岗位名称		医药代表
冰山上（学历、经验、技能）		1. 大专及以上学历 2. 医药等相关专业
	考察项	精准提问话术
冰山下（价值观、素质、潜力、动机、个性）	诚信正直	1. 请分享，你纠正或阻止他人违反规则的事例
		2. 请分享，你遇到阻碍和困难依然兑现承诺的事例
		3. 请分享，面对诱惑，你依然坚守规则的事例
	坚韧抗压	1. 请分享，面对一项巨大的挫折，你成功应对的事例
		2. 请分享，面对一段长期困境，你成功走出的事例
		3. 请分享，大多数人都没有坚持住，但你依然坚持的事例
	说服影响	1. 请分享，你成功说服他人接受产品/方案，给公司带来巨大收益的事例
		2. 请分享，与上级观点/做法有分歧时，你成功说服上级的事例
		3. 请分享，面对存在较大分歧的两方，你成功说服他们达成共识的事例
	市场敏锐	1. 请分享，你发现了别人都没发现的客户的潜在需求的事例
		2. 请分享，你提前发现了客户的潜在需求的事例
		3. 请分享，你准确预测客户需求或市场趋势的事例

表 4-26　质量经理人才画像卡

岗位名称	质量经理	
冰山上（学历、经验、技能）	1. 本科及以上学历 2. 有五年及以上产品生产、质量管理经验	
冰山下（价值观、素质、潜力、动机、个性）	考察项	精准提问话术
	责任担当	1. 请分享，不是你的职责，你承担并完成的事例
		2. 请分享，别人不愿承担，你主动承担并完成的事例
		3. 请分享，知道任务有风险，你依然承担的事例
	坚持原则	1. 请分享，你不顾得罪人而把事情做正确的事例
		2. 请分享，你成功抵挡外部较大的诱惑，维护公司利益的事例
		3. 请分享，你克服压力和阻力，拒绝违反原则的事例
	团队管理	1. 请分享，你曾将士气低迷的松散团队打造成高绩效团队的事例
		2. 请分享，你成功扭转团队当中不良习气的事例
		3. 请分享，你克服困难，带领团队完成得最成功的一次任务
	风险管控	1. 请分享，你成功补救过的一个严重的管理漏洞的事例
		2. 请分享，你通过风险的预防与处理，帮助公司避免重大损失的事例
		3. 请分享，你发现了别人没有发现的风险点，帮助公司避免重大损失的事例

表 4-27　质量管理工程师人才画像卡

岗位名称	质量管理工程师	
冰山上（学历、经验、技能）	1. 本科及以上学历 2. 医药等相关专业	
冰山下（价值观、素质、潜力、动机、个性）	考察项	精准提问话术
	责任担当	1. 请分享，不是你的职责，你承担并完成的事例
		2. 请分享，别人不愿承担，你主动承担并完成的事例
		3. 请分享，知道任务有风险，你依然承担的事例
	坚持原则	1. 请分享，你不顾得罪人而把事情做正确的事例
		2. 请分享，你成功抵挡外部较大的诱惑，维护公司利益的事例
		3. 请分享，你克服压力和阻力，拒绝违反原则的事例

（续）

岗位名称		质量管理工程师
冰山下（价值观、素质、潜力、动机、个性）	团队协作	1. 请分享，你发现无人担当的重要任务时，主动补位，促成团队目标顺利达成的事例
		2. 请分享，你主动与一个很难相处的人达成合作的事例
		3. 请分享，你与他人合作完成挑战性强的任务的事例
	精益求精	1. 请分享，你不厌其烦地改进某项工作，超出领导或客户预期的事例
		2. 请分享，你通过改进现有工作方法，显著提升工作效率的事例
		3. 请分享，别人觉得行了，但你仍不满意并继续改进的事例
	严谨细致	1. 请分享，你发现某个细节问题，为公司挽回损失或创造额外价值的事例
		2. 请分享，你比别人更早发现某项工作错误的事例
		3. 请分享，你在同一时间，准确无误地处理多项琐碎工作任务的事例

表 4-28　GMP 认证工程师人才画像卡

岗位名称		GMP 认证工程师
冰山上（学历、经验、技能）		1. 本科及以上学历 2. 医药相关专业 3. 有三年以上医药行业从业经验
	考察项	精准提问话术
冰山下（价值观、素质、潜力、动机、个性）	责任担当	1. 请分享，不是你的职责，你承担并完成的事例
		2. 请分享，别人不愿承担，你主动承担并完成的事例
		3. 请分享，知道任务有风险，你依然承担的事例
	沟通协调	1. 请分享，面对别人推脱，你成功协调他人配合你工作的事例
		2. 请分享，面对多人参与的复杂局面，你有效组织促成合作的事例
		3. 请分享，面对分歧，你成功与他人达成合作的事例
	组织推动	1. 请分享，同一件事（活动/项目/变革），别人没推动成功，但你成功推动的事例
		2. 请分享，你成功推动落实对公司影响重大的组织变革的事例
		3. 请分享，面对某项新制度或方案推行受阻，你克服阻力成功推进落地的事例

（续）

岗位名称		GMP 认证工程师
冰山下（价值观、素质、潜力、动机、个性）	分析判断	1. 请分享，你比别人更快做出分析判断，帮助组织做出决策的事例
		2. 请分享，在紧急情况下你做出准确判断的事例
		3. 请分享，面对复杂形势，别人束手无策，你做出正确分析和判断的事例
	严谨细致	1. 请分享，你发现某个细节问题，为公司挽回损失或创造额外价值的事例
		2. 请分享，你比别人更早发现某项工作错误的事例
		3. 请分享，你在同一时间，准确无误地处理多项琐碎工作任务的事例

投资行业

表 4-29　风控经理人才画像卡

岗位名称		风控经理
冰山上（学历、经验、技能）		1. 本科及以上学历 2. 有三年及以上金融行业风控经验
	考察项	精准提问话术
冰山下（价值观、素质、潜力、动机、个性）	坚持原则	1. 请分享，你不顾得罪人而把事情做正确的事例
		2. 请分享，你成功抵挡外部较大的诱惑，维护公司利益的事例
		3. 请分享，你克服压力和阻力，拒绝违反原则的事例
	培养他人	1. 请分享，你成功培养下属快速成长的事例
		2. 请分享，你为公司稀缺岗位成功培养出多名人才的事例
		3. 请分享，你为公司战略型人才需求提供人才培养方法和机制的事例
	团队协作	1. 请分享，你发现无人担当的重要任务时，主动补位，促成团队目标顺利达成的事例
		2. 请分享，你主动与一个很难相处的人达成合作的事例
		3. 请分享，你与他人合作完成挑战性强的任务的事例

(续)

岗位名称		风控经理
冰山下（价值观、素质、潜力、动机、个性）	精准高效	1. 请分享，你长期做一项工作，很少出错和返工，总能高标准交付的事例
		2. 请分享，你出色完成上级紧急交代的一项重要工作的事例
		3. 请分享，同一项工作任务，你比他人完成得更好更快的事例
	风险管控	1. 请分享，你成功补救过的一个严重的管理漏洞的事例
		2. 请分享，你通过风险的预防与处理，帮助公司避免重大损失的事例
		3. 请分享，你发现了别人没有发现的风险点，帮助公司避免重大损失的事例

表4-30 投资经理人才画像卡

岗位名称		投资经理	
冰山上（学历、经验、技能）		1. 硕士及以上学历 2. 有两年及以上金融行业经验	
冰山下（价值观、素质、潜力、动机、个性）	考察项	精准提问话术	
	坚韧抗压	1. 请分享，面对一项巨大的挫折，你成功应对的事例	
		2. 请分享，面对一段长期困境，你成功走出的事例	
		3. 请分享，大多数人都没有坚持住，但你依然坚持的事例	
	客户至上	1. 请分享，面对客户不合理的要求，你妥善处理并让客户满意的事例	
		2. 请分享，你为了客户利益，做出牺牲和让步的事例	
		3. 请分享，即使被客户暂时误解，也要坚持维护客户利益的事例	
	沟通协调	1. 请分享，面对别人推脱，你成功协调他人配合你工作的事例	
		2. 请分享，面对多人参与的复杂局面，你有效组织促成合作的事例	
		3. 请分享，面对分歧，你成功与他人达成合作的事例	
	商业洞察	1. 请分享，你通过对市场动态的评估，发现新商机的事例	
		2. 请分享，你比他人更快发现新商机的事例	
		3. 请分享，你发现新商机，并将商机转化为市场产品的事例	

表 4-31 融资经理人才画像卡

岗位名称	融资经理	
冰山上 （学历、经验、技能）	1. 硕士及以上学历 2. 有两年及以上金融行业经验	
冰山下 （价值观、素质、潜力、动机、个性）	考察项	精准提问话术
	坚韧抗压	1. 请分享，面对一项巨大的挫折，你成功应对的事例
		2. 请分享，面对一段长期困境，你成功走出的事例
		3. 请分享，大多数人都没有坚持住，但你依然坚持的事例
	客户至上	1. 请分享，面对客户不合理的要求，你妥善处理并让客户满意的事例
		2. 请分享，你为了客户利益，做出牺牲和让步的事例
		3. 请分享，即使被客户暂时误解，也要坚持维护客户利益的事例
	影响推动	1. 请分享，你成功地影响他人接受产品/方案，给公司带来巨大收益的事例
		2. 请分享，与上级观点/做法有分歧时，你成功说服上级的事例
		3. 请分享，面对他人不配合，你依然如期推进工作的事例
	商业洞察	1. 请分享，你通过对市场动态的评估，发现新商机的事例
		2. 请分享，你比他人更快发现新商机的事例
		3. 请分享，你发现新商机，并将商机转化为市场产品的事例
	资源整合	1. 请分享，面对资源不足，你寻求资源出色完成任务的事例
		2. 请分享，你成功整合多个利益方的资源，实现资源融合、互利共赢的事例
		3. 请分享，你通过资源重组、盘活、激发，为公司最大化地创造价值的事例

表 4-32 基金经理人才画像卡

岗位名称	基金经理	
冰山上（学历、经验、技能）	1. 硕士及以上学历 2. 有两年及以上金融行业经验	
冰山下（价值观、素质、潜力、动机、个性）	考察项	精准提问话术
	坚韧抗压	1. 请分享，面对一项巨大的挫折，你成功应对的事例
		2. 请分享，面对一段长期困境，你成功走出的事例
		3. 请分享，大多数人都没有坚持住，但你依然坚持的事例
	影响推动	1. 请分享，你成功影响他人接受产品/方案，给公司带来巨大收益的事例
		2. 请分享，与上级观点/做法有分歧时，你成功说服上级的事例
		3. 请分享，面对他人不配合，你依然如期推进工作的事例
	商业洞察	1. 请分享，你通过对市场动态的评估，发现新商机的事例
		2. 请分享，你比他人更快发现新商机的事例
		3. 请分享，你发现新商机，并将商机转化为市场产品的事例
	资源整合	1. 请分享，面对资源不足，你寻求资源出色完成任务的事例
		2. 请分享，你成功整合多个利益方的资源，实现资源融合、互利共赢的事例
		3. 请分享，你通过资源重组、盘活、激发，为公司最大化地创造价值的事例

餐饮行业

表 4-33 厨师长人才画像卡

岗位名称	厨师长
冰山上（学历、经验、技能）	1. 年龄 20～35 岁 2. 中专以上 3. 有三年以上厨师经验

（续）

岗位名称		厨师长	
冰山下（价值观、素质、潜力、动机、个性）	考察项	精准提问话术	
	责任担当	1. 请分享，不是你的职责，你承担并完成的事例	
		2. 请分享，别人不愿承担，你主动承担并完成的事例	
		3. 请分享，知道任务有风险，你依然承担的事例	
	吃苦耐劳	1. 请分享，面对最恶劣的工作环境，你成功克服的事例	
		2. 请分享，你承担的最艰苦的一项工作的事例	
		3. 请分享，你通过加班加点完成一项重要又紧急的任务的事例	
	客户至上	1. 请分享，面对客户不合理的要求，你妥善处理并让客户满意的事例	
		2. 请分享，你为了客户利益，做出牺牲和让步的事例	
		3. 请分享，即使被客户暂时误解，也要坚持维护客户利益的事例	
	培养他人	1. 请分享，你成功培养下属快速成长的事例	
		2. 请分享，你为公司稀缺岗位成功培养出多名人才的事例	
		3. 请分享，你为公司战略型人才需求提供人才培养方法和机制的事例	
	精益求精	1. 请分享，你不厌其烦地改进某项工作，超出领导或客户预期的事例	
		2. 请分享，你通过改进现有工作方法，显著提升工作效率的事例	
		3. 请分享，别人觉得行了，但你仍不满意并继续改进的事例	

表 4-34 店长人才画像卡

岗位名称		店　长	
冰山上（学历、经验、技能）	1. 同行业经验三年以上 2. 形象好、气质佳		
冰山下（价值观、素质、潜力、动机、个性）	考察项	精准提问话术	
	责任担当	1. 请分享，不是你的职责，你承担并完成的事例	
		2. 请分享，别人不愿承担，你主动承担并完成的事例	
		3. 请分享，知道任务有风险，你依然承担的事例	

（续）

岗位名称		店　长
冰山下（价值观、素质、潜力、动机、个性）	客户至上	1. 请分享，面对客户不合理的要求，你妥善处理并让客户满意的事例
		2. 请分享，你为了客户利益，做出牺牲和让步的事例
		3. 请分享，即使被客户暂时误解，也要坚持维护客户利益的事例
	培养他人	1. 请分享，你成功培养下属快速成长的事例
		2. 请分享，你为公司稀缺岗位成功培养出多名人才的事例
		3. 请分享，你为公司战略型人才需求提供人才培养方法和机制的事例
	经营思维	1. 请分享，你提出的一个帮助公司获得更大收益的方案的事例
		2. 请分享，你帮助公司以更小的支出获得更大收益的事例
		3. 请分享，你通过改革创新，提升公司经营收益的事例
	持续奋斗	1. 请分享，你不断为自己设定阶段性目标，并达成的事例
		2. 请分享，你付出了很多时间和努力，提升自我的事例
		3. 请分享，你为自己设定长远目标，坚持不懈努力达成的事例

表 4-35　服务经理人才画像卡

岗位名称		服务经理	
冰山上（学历、经验、技能）		1. 年龄 45 岁以下 2. 中专或高中以上 3. 形象好，气质佳	
	考察项	精准提问话术	
冰山下（价值观、素质、潜力、动机、个性）	责任担当	1. 请分享，不是你的职责，你承担并完成的事例	
		2. 请分享，别人不愿承担，你主动承担并完成的事例	
		3. 请分享，知道任务有风险，你依然承担的事例	
	吃苦耐劳	1. 请分享，面对最恶劣的工作环境，你成功克服的事例	
		2. 请分享，你承担的最艰苦的一项工作的事例	
		3. 请分享，你通过加班加点完成一项重要又紧急的任务的事例	

（续）

岗位名称		服务经理
冰山下（价值观、素质、潜力、动机、个性）	客户至上	1. 请分享，面对客户不合理的要求，你妥善处理并让客户满意的事例
		2. 请分享，你为了客户利益，做出牺牲和让步的事例
		3. 请分享，即使被客户暂时误解，也要坚持维护客户利益的事例
	培养他人	1. 请分享，你成功培养下属快速成长的事例
		2. 请分享，你为公司稀缺岗位成功培养出多名人才的事例
		3. 请分享，你为公司战略型人才需求提供人才培养方法和机制的事例
	积极主动	1. 请分享，你主动干预事情发展偏离预期的事例
		2. 请分享，你主动帮助团队解决困难的事例
		3. 请分享，你主动承担别人不愿承担的任务，并最终完成的事例

表 4-36　菜品研发师人才画像卡

岗位名称		菜品研发师
冰山上（学历、经验、技能）		1. 大专以上 2. 年龄 45 岁以下 3. 有三年以上厨师经验
	考察项	精准提问话术
冰山下（价值观、素质、潜力、动机、个性）	责任担当	1. 请分享，不是你的职责，你承担并完成的事例
		2. 请分享，别人不愿承担，你主动承担并完成的事例
		3. 请分享，知道任务有风险，你依然承担的事例
	客户至上	1. 请分享，面对客户不合理的要求，你妥善处理并让客户满意的事例
		2. 请分享，你为了客户利益，做出牺牲和让步的事例
		3. 请分享，即使被客户暂时误解，也要坚持维护客户利益的事例
	钻研探索	1. 请分享，你主导解决的最复杂的技术性问题的事例
		2. 请分享，你发现并引入的一项创新，为公司带来重大突破的事例
		3. 请分享，你通过不断学习新知识和新技能提升工作效率的事例
	市场敏锐	1. 请分享，你发现了别人都没发现的客户的潜在需求的事例
		2. 请分享，你提前发现了客户的潜在需求的事例
		3. 请分享，你准确预测客户需求或市场趋势的事例

表 4-37　食品安全经理人才画像卡

岗位名称	食品安全经理		
冰山上（学历、经验、技能）	1. 本科以上学历 2. 有三年以上食安相关行业经验		
冰山下（价值观、素质、潜力、动机、个性）	考察项	精准提问话术	
	责任担当	1. 请分享，不是你的职责，你承担并完成的事例	
		2. 请分享，别人不愿承担，你主动承担并完成的事例	
		3. 请分享，知道任务有风险，你依然承担的事例	
	客户至上	1. 请分享，面对客户不合理的要求，你妥善处理并让客户满意的事例	
		2. 请分享，你为了客户利益，做出牺牲和让步的事例	
		3. 请分享，即使被客户暂时误解，也要坚持维护客户利益的事例	
	培养他人	1. 请分享，你成功培养下属快速成长的事例	
		2. 请分享，你为公司稀缺岗位成功培养出多名人才的事例	
		3. 请分享，你为公司战略型人才需求提供人才培养方法和机制的事例	
	风险管控	1. 请分享，你成功补救过的一个严重的管理漏洞的事例	
		2. 请分享，你通过风险的预防与处理，帮助公司避免重大损失的事例	
		3. 请分享，你发现了别人没有发现的风险点，帮助公司避免重大损失的事例	
	坚持原则	1. 请分享，你不顾得罪人而把事情做正确的事例	
		2. 请分享，你成功抵挡外部较大的诱惑，维护公司利益的事例	
		3. 请分享，你克服压力和阻力，拒绝违反原则的事例	

教培行业

表 4-38　分校校长人才画像卡

岗位名称	分校校长		
冰山上（学历、经验、技能）	1. 本科及以上学历 2. 有两年以上管理经验		
冰山下（价值观、素质、潜力、动机、个性）	考察项	精准提问话术	
	责任担当	1. 请分享，不是你的职责，你承担并完成的事例	
		2. 请分享，别人不愿承担，你主动承担并完成的事例	
		3. 请分享，知道任务有风险，你依然承担的事例	
	坚韧抗压	1. 请分享，面对一项巨大的挫折，你成功应对的事例	
		2. 请分享，面对一段长期困境，你成功走出的事例	
		3. 请分享，大多数人都没有坚持住，但你依然坚持的事例	
	沟通协调	1. 请分享，面对别人推脱，你成功协调他人配合你工作的事例	
		2. 请分享，面对多人参与的复杂局面，你有效组织促成合作的事例	
		3. 请分享，面对分歧，你成功与他人达成合作的事例	
	客户至上	1. 请分享，面对客户不合理的要求，你妥善处理并让客户满意的事例	
		2. 请分享，你为了客户利益，做出牺牲和让步的事例	
		3. 请分享，即使被客户暂时误解，也要坚持维护客户利益的事例	
	目标导向	1. 请分享，你比别人更清晰地理解和把握目标，组织资源和力量实现目标的事例	
		2. 请分享，你克服困难或抵制诱惑，坚定目标并达成的事例	
		3. 请分享，你从最终目标出发，灵活调整策略达成目标结果的事例	

表 4-39　课程顾问人才画像卡

岗位名称	课程顾问		
冰山上（学历、经验、技能）	大专及以上学历		
冰山下（价值观、素质、潜力、动机、个性）	考察项	精准提问话术	
	责任担当	1. 请分享，不是你的职责，你承担并完成的事例	
		2. 请分享，别人不愿承担，你主动承担并完成的事例	
		3. 请分享，知道任务有风险，你依然承担的事例	
	坚韧抗压	1. 请分享，面对一项巨大的挫折，你成功应对的事例	
		2. 请分享，面对一段长期困境，你成功走出的事例	
		3. 请分享，大多数人都没有坚持住，但你依然坚持的事例	
	客户至上	1. 请分享，面对客户不合理的要求，你妥善处理并让客户满意的事例	
		2. 请分享，你为了客户利益，做出牺牲和让步的事例	
		3. 请分享，即使被客户暂时误解，也要坚持维护客户利益的事例	
	说服影响	1. 请分享，你成功说服他人接受产品/方案，给公司带来巨大收益的事例	
		2. 请分享，与上级观点/做法有分歧时，你成功说服上级的事例	
		3. 请分享，面对存在较大分歧的两方，你成功说服他们达成共识的事例	
	目标导向	1. 请分享，你比别人更清晰地理解和把握目标，组织资源和力量实现目标的事例	
		2. 请分享，你克服困难或抵制诱惑，坚定目标并达成的事例	
		3. 请分享，你从最终目标出发，灵活调整策略达成目标结果的事例	

表 4-40 教学教练人才画像卡

岗位名称	教学教练	
冰山上（学历、经验、技能）	1. 30~45 岁 2. 本科及以上学历	
冰山下（价值观、素质、潜力、动机、个性）	考察项	精准提问话术
	责任担当	1. 请分享，不是你的职责，你承担并完成的事例
		2. 请分享，别人不愿承担，你主动承担并完成的事例
		3. 请分享，知道任务有风险，你依然承担的事例
	客户至上	1. 请分享，面对客户不合理的要求，你妥善处理并让客户满意的事例
		2. 请分享，你为了客户利益，做出牺牲和让步的事例
		3. 请分享，即使被客户暂时误解，也要坚持维护客户利益的事例
	团队管理	1. 请分享，你将士气低迷的松散团队打造成高绩效团队的事例
		2. 请分享，你成功扭转团队当中不良习气的事例
		3. 请分享，你克服困难，带领团队完成得最成功的一次任务
	目标导向	1. 请分享，你比别人更清晰地理解和把握目标，组织资源和力量实现目标的事例
		2. 请分享，你克服困难或抵制诱惑，坚定目标并达成的事例
		3. 请分享，你从最终目标出发，灵活调整策略达成目标结果的事例
	统筹规划	1. 请分享，你为一个长期目标的实现，预先安排、合理布局的事例
		2. 请分享，同时面对多个任务或复杂任务，你合理安排并出色完成的事例
		3. 请分享，你在资源有限的情况下，合理调配资源确保目标达成的事例

互联网行业

表 4-41　软件开发工程师人才画像卡

岗位名称		软件开发工程师
冰山上（学历、经验、技能）		1. 本科及以上学历 2. 一年以上 Java/C++ 等语言开发经验
冰山下（价值观、素质、潜力、动机、个性）	考察项	精准提问话术
	钻研探索	1. 请分享，你主导解决的最复杂的技术性问题的事例
		2. 请分享，你发现并引入的一项创新，为公司带来重大突破的事例
		3. 请分享，你通过不断学习新知识和新技能提升工作效率的事例
	坚韧抗压	1. 请分享，面对一项巨大的挫折，你成功应对的事例
		2. 请分享，面对一段长期困境，你成功走出的事例
		3. 请分享，大多数人都没有坚持住，但你依然坚持的事例
	沟通协调	1. 请分享，面对别人推脱，你成功协调他人配合你工作的事例
		2. 请分享，面对多人参与的复杂局面，你有效组织促成合作的事例
		3. 请分享，面对分歧，你成功与他人达成合作的事例
	解决问题	1. 请分享，你成功解决工作中最棘手问题的事例
		2. 请分享，你成功解决别人未能解决的问题的事例
		3. 请分享，你通过建立规范和机制，避免问题重复出现的事例
	开拓创新	1. 请分享，你的一项创新对于整个工作的成功起到至关重要作用的事例
		2. 请分享，你通过主动搜寻改善点提升工作质量/效率的事例
		3. 请分享，你打破常规，用新方法解决长期困扰的工作难题的事例

表 4-42 架构工程师人才画像卡

岗位名称	架构工程师	
冰山上（学历、经验、技能）	1. 本科及以上学历 2. 三年以上软件开发或软件产品管理相关经验	
冰山下（价值观、素质、潜力、动机、个性）	考察项	精准提问话术
	成就动机	1. 请分享，相比周围的人，你设定了更高的目标并达成的事例
		2. 请分享，你设定了最有挑战性的目标，并通过努力达成的事例
		3. 请分享，你设定了别人觉得不可能实现的目标，为之付出巨大努力的事例
	统筹规划	1. 请分享，你为一个长期目标的实现，预先安排、合理布局的事例
		2. 请分享，同时面对多个任务或复杂任务，你合理安排并出色完成的事例
		3. 请分享，你在资源有限的情况下，合理调配资源确保目标达成的事例
	开拓创新	1. 请分享，你的一项创新对于整个工作的成功起到至关重要作用的事例
		2. 请分享，你通过主动搜寻改善点提升工作质量/效率的事例
		3. 请分享，你打破常规，用新方法解决长期困扰的工作难题的事例
	系统思考	1. 请分享，你从整体、长期的角度来思考设计某个方案的事例
		2. 请分享，相比别人，你的提议更全面、更系统的事例
		3. 请分享，你成功地从零碎的观点或信息中找出关联和规律，构建体系或模型的事例

表 4-43 产品经理人才画像卡

岗位名称	产品经理	
冰山上（学历、经验、技能）	1. 本科及以上学历 2. 三年以上互联网产品相关工作经验	
冰山下（价值观、素质、潜力、动机、个性）	考察项	精准提问话术
	成就动机	1. 请分享，相比周围的人，你设定了更高的目标并达成的事例
		2. 请分享，你设定了最有挑战性的目标，并通过努力达成的事例
		3. 请分享，你设定了别人觉得不可能实现的目标，为之付出巨大努力的事例
	用户思维	1. 请分享，你曾经从用户需求出发设计或优化产品或服务的事例
		2. 请分享，你主动提升服务质量，获得用户尊重和认可的事例
		3. 请分享，你成功挖掘用户潜在需求，并为用户带来价值的事例
	沟通协调	1. 请分享，面对别人推脱，你成功协调他人配合你工作的事例
		2. 请分享，面对多人参与的复杂局面，你有效组织促成合作的事例
		3. 请分享，面对分歧，你成功与他人达成合作的事例
	分析判断	1. 请分享，你比别人更快做出分析判断，帮助组织做出决策的事例
		2. 请分享，在紧急情况下你做出准确判断的事例
		3. 请分享，面对复杂形势，别人束手无策，你做出正确分析和判断的事例
	市场敏锐	1. 请分享，你发现了别人都没发现的客户的潜在需求的事例
		2. 请分享，你提前发现了客户的潜在需求的事例
		3. 请分享，你准确预测客户需求或市场趋势的事例

表 4-44 UI 设计师人才画像卡

岗位名称	UI 设计师		
冰山上 (学历、经验、技能)	1. 本科及以上学历 2. 一年以上相关工作经验		
冰山下 (价值观、素质、潜力、动机、个性)	考察项	精准提问话术	
	坚韧抗压	1. 请分享,面对一项巨大的挫折,你成功应对的事例	
		2. 请分享,面对一段长期困境,你成功走出的事例	
		3. 请分享,大多数人都没有坚持住,但你依然坚持的事例	
	沟通协调	1. 请分享,面对别人推脱,你成功协调他人配合你工作的事例	
		2. 请分享,面对多人参与的复杂局面,你有效组织促成合作的事例	
		3. 请分享,面对分歧,你成功与他人达成合作的事例	
	开拓创新	1. 请分享,你的一项创新对于整个工作的成功起到至关重要作用的事例	
		2. 请分享,你通过主动搜寻改善点提升工作质量/效率的事例	
		3. 请分享,你打破常规,用新方法解决长期困扰的工作难题的事例	
	用户思维	1. 请分享,你曾经从用户需求出发设计或优化产品或服务的事例	
		2. 请分享,你主动提升服务质量,获得用户尊重和认可的事例	
		3. 请分享,你成功挖掘用户潜在需求,并为用户带来价值的事例	

表 4-45 测试工程师人才画像卡

岗位名称	测试工程师	
冰山上 (学历、经验、技能)	1. 计算机相关本科专业 2. 两年以上测试工作经验	
冰山下 (价值观、素质、潜力、动机、个性)	考察项	精准提问话术
	坚韧抗压	1. 请分享,面对一项巨大的挫折,你成功应对的事例
		2. 请分享,面对一段长期困境,你成功走出的事例
		3. 请分享,大多数人都没有坚持住,但你依然坚持的事例

（续）

岗位名称		测试工程师
冰山下（价值观、素质、潜力、动机、个性）	用户思维	1. 请分享，你从用户需求出发设计或优化产品或服务的事例
		2. 请分享，你主动提升服务质量，获得用户尊重和认可的事例
		3. 请分享，你成功挖掘用户潜在需求，并为用户带来价值的事例
	沟通协调	1. 请分享，面对别人推脱，你成功协调他人配合你工作的事例
		2. 请分享，面对多人参与的复杂局面，你有效组织促成合作的事例
		3. 请分享，面对分歧，你成功与他人达成合作的事例
	解决问题	1. 请分享，你成功解决工作中最棘手问题的事例
		2. 请分享，你成功解决别人未能解决的问题的事例
		3. 请分享，你通过建立规范和机制，避免问题重复出现的事例
	严谨细致	1. 请分享，你发现某个细节问题，为公司挽回损失或创造额外价值的事例
		2. 请分享，你比别人更早发现某项工作错误的事例
		3. 请分享，你在同一时间，准确无误地处理多项琐碎工作任务的事例

表 4-46　实施工程师人才画像卡

岗位名称		实施工程师
冰山上（学历、经验、技能）		1. 本科及以上学历 2. 两年以上相关工作经验
	考察项	精准提问话术
冰山下（价值观、素质、潜力、动机、个性）	坚韧抗压	1. 请分享，面对一项巨大的挫折，你成功应对的事例
		2. 请分享，面对一段长期困境，你成功走出的事例
		3. 请分享，大多数人都没有坚持住，但你依然坚持的事例
	服务意识	1. 请分享，你主动响应他人需求，出色完成任务的事例
		2. 请分享，你提前发现了客户需求，给客户带来惊喜的事例
		3. 请分享，在过往的经历中，你做过的最感动客户的事例

（续）

岗位名称		实施工程师
冰山下（价值观、素质、潜力、动机、个性）	沟通协调	1. 请分享，面对别人推脱，你成功协调他人配合你工作的事例
		2. 请分享，面对多人参与的复杂局面，你有效组织促成合作的事例
		3. 请分享，面对分歧，你成功与他人达成合作的事例
	精准高效	1. 请分享，你长期做一项工作，很少出错和返工，总能高标准交付的事例
		2. 请分享，你出色完成上级紧急交代的一项重要工作的事例
		3. 请分享，同一项工作任务，你比他人完成得更好更快的事例
	灵活应变	1. 请分享，面对打乱你工作或学习计划的突发状况，你成功应对的事例
		2. 请分享，你出色完成上级临时交办的一项重要工作的事例
		3. 请分享，你快速反应，成功化解危机的事例

房地产行业

表 4-47 土建工程师人才画像卡

岗位名称		土建工程师	
冰山上（学历、经验、技能）	1. 本科及以上学历 2. 工程建筑类相关专业		
冰山下（价值观、素质、潜力、动机、个性）	考察项	精准提问话术	
	吃苦耐劳	1. 请分享，面对最恶劣的工作环境，你成功克服的事例	
		2. 请分享，你承担的最艰苦的一项工作的事例	
		3. 请分享，你通过加班加点完成一项重要又紧急的任务的事例	
	积极主动	1. 请分享，你主动干预事情发展偏离预期的事例	
		2. 请分享，你主动帮助团队解决困难的事例	
		3. 请分享，你主动承担别人不愿承担的任务，并最终完成的事例	

（续）

岗位名称		土建工程师
冰山下（价值观、素质、潜力、动机、个性）	沟通协调	1. 请分享，面对别人推脱，你成功协调他人配合你工作的事例
		2. 请分享，面对多人参与的复杂局面，你有效组织促成合作的事例
		3. 请分享，面对分歧，你成功与他人达成合作的事例
	精准高效	1. 请分享，你长期做一项工作，很少出错和返工，总能高标准交付的事例
		2. 请分享，你出色完成上级紧急交代的一项重要工作的事例
		3. 请分享，同一项工作任务，你比他人完成得更好、更快的事例

表 4-48　前期开发经理人才画像卡

岗位名称		前期开发经理
冰山上（学历、经验、技能）		1. 本科及以上学历 2. 三年以上房地产前期开发工作经验 3. 熟悉相关法规、政策、土建施工规范要求
	考察项	精准提问话术
冰山下（价值观、素质、潜力、动机、个性）	责任担当	1. 请分享，不是你的职责，你承担并完成的事例
		2. 请分享，别人不愿承担，你主动承担并完成的事例
		3. 请分享，知道任务有风险，你依然承担的事例
	坚韧抗压	1. 请分享，面对一项巨大的挫折，你成功应对的事例
		2. 请分享，面对一段长期困境，你成功走出的事例
		3. 请分享，大多数人都没有坚持住，但你依然坚持的事例
	人际敏锐	1. 请分享，你发现别人的潜在需求并主动提供帮助的事例
		2. 请分享，你比别人更早觉察他人需求或情绪变化，并有效应对的事例
		3. 请分享，你觉察到组织当中不和谐的关系氛围，并及时处理的事例
	精准高效	1. 请分享，你长期做一项工作，很少出错和返工，总能高标准交付的事例
		2. 请分享，你出色完成上级紧急交代的一项重要工作的事例
		3. 请分享，同一项工作任务，你比他人完成得更好、更快的事例

表 4-49　安装工程师人才画像卡

岗位名称	安装工程师	
冰山上（学历、经验、技能）	1. 本科及以上学历 2. 工程管理、建筑设备等相关专业	
冰山下（价值观、素质、潜力、动机、个性）	考察项	精准提问话术
	吃苦耐劳	1. 请分享，面对最恶劣的工作环境，你成功克服的事例
		2. 请分享，你承担的最艰苦的一项工作的事例
		3. 请分享，你通过加班加点完成一项重要又紧急的任务的事例
	责任担当	1. 请分享，不是你的职责，你承担并完成的事例
		2. 请分享，别人不愿承担，你主动承担并完成的事例
		3. 请分享，知道任务有风险，你依然承担的事例
	沟通协调	1. 请分享，面对别人推脱，你成功协调他人配合你工作的事例
		2. 请分享，面对多人参与的复杂局面，你有效组织促成合作的事例
		3. 请分享，面对分歧，你成功与他人达成合作的事例
	精准高效	1. 请分享，你长期做一项工作，很少出错和返工，总能高标准交付的事例
		2. 请分享，你出色完成上级紧急交代的一项重要工作的事例
		3. 请分享，同一项工作任务，你比他人完成得更好、更快的事例

表 4-50　项目总经理人才画像卡

岗位名称	项目总经理		
冰山上（学历、经验、技能）	1. 本科及以上学历 2. 有五年以上同岗位从业经验		
冰山下（价值观、素质、潜力、动机、个性）	考察项	精准提问话术	
	坚韧抗压	1. 请分享，面对一项巨大的挫折，你成功应对的事例	
		2. 请分享，面对一段长期困境，你成功走出的事例	
		3. 请分享，大多数人都没有坚持住，但你依然坚持的事例	
	团队管理	1. 请分享，你将士气低迷的松散团队打造成高绩效团队的事例	
		2. 请分享，你成功扭转团队当中不良习气的事例	
		3. 请分享，你克服困难，带领团队完成得最成功的一次任务	
	组织推动	1. 请分享，同一件事（活动／项目／变革），别人没推动成功，但你成功推动的事例	
		2. 请分享，你成功推动落实对公司影响重大的组织变革的事例	
		3. 请分享，面对某项新制度或方案推行受阻，你克服阻力成功推进落地的事例	
	目标导向	1. 请分享，你比别人更清晰地理解和把握目标，组织资源和力量实现目标的事例	
		2. 请分享，你克服困难或抵制诱惑，坚定目标并达成的事例	
		3. 请分享，你从最终目标出发，灵活调整策略达成目标结果的事例	
	果断决策	1. 请分享，你面临多个问题解决方案，快速选择出最佳方案的事例	
		2. 请分享，你遇到突发问题或风险快速做出决断的事例	
		3. 请分享，你面临巨大阻力，仍然敢于决策的事例	

表 4-51　建筑 / 结构设计师人才画像卡

岗位名称		建筑 / 结构设计师
冰山上（学历、经验、技能）		1. 本科及以上学历 2. 有三年以上同岗位从业经验
冰山下（价值观、素质、潜力、动机、个性）	考察项	精准提问话术
	学习成长	1. 请分享，在过往的经历中，你通过自己学习到的知识或技能，帮助公司解决问题的事例
		2. 请分享，你接受新任务或进入新岗位时，快速掌握新技能的事例
		3. 请分享，你成长最快的一段经历
	责任担当	1. 请分享，不是你的职责，你承担并完成的事例
		2. 请分享，别人不愿承担，你主动承担并完成的事例
		3. 请分享，知道任务有风险，你依然承担的事例
	沟通协调	1. 请分享，面对别人推脱，你成功协调他人配合你工作的事例
		2. 请分享，面对多人参与的复杂局面，你有效组织促成合作的事例
		3. 请分享，面对分歧，你成功与他人达成合作的事例
	系统思考	1. 请分享，你从整体、长期的角度来思考设计某个方案的事例
		2. 请分享，相比别人，你的提议更全面、更系统的事例
		3. 请分享，你成功地从零碎的观点或信息中找出关联和规律，构建体系或模型的事例
	卓越交付	1. 请分享，同样一件事，你比过去完成得更好的事例
		2. 请分享，同样一件事，你比同事或同行做得更好的事例
		3. 请分享，你做过的超出客户要求或期望的事例

表 4-52　招商经理人才画像卡

岗位名称	招商经理	
冰山上（学历、经验、技能）	1. 本科及以上学历 2. 有三年以上同岗位从业经验	
冰山下（价值观、素质、潜力、动机、个性）	考察项	精准提问话术
	成就动机	1. 请分享，相比周围的人，你设定了更高的目标并达成的事例 2. 请分享，你设定了最有挑战性的目标，并通过努力达成的事例 3. 请分享，你设定了别人觉得不可能实现的目标，为之付出巨大努力的事例
	坚韧抗压	1. 请分享，面对一项巨大的挫折，你成功应对的事例 2. 请分享，面对一段长期困境，你成功走出的事例 3. 请分享，大多数人都没有坚持住，但你依然坚持的事例
	谈判能力	1. 请分享，面对争执不下的一次谈判，你成功达成谈判目标的事例 2. 请分享，别人未能谈判成功，而你成功达到谈判目标的事例 3. 请分享，面对最强势的供应商/谈判对象，你成功地为公司争取到最大利益的事例
	市场敏锐	1. 请分享，你发现了别人都没发现的客户的潜在需求的事例 2. 请分享，你提前发现了客户的潜在需求的事例 3. 请分享，你准确预测客户需求或市场趋势的事例

制造行业

表 4-53　车间主任/班组长人才画像卡

岗位名称	车间主任/班组长
冰山上（学历、经验、技能）	1. 大专以上学历 2. 有三年生产车间工作经验

（续）

岗位名称		车间主任／班组长
冰山下（价值观、素质、潜力、动机、个性）	考察项	精准提问话术
	责任担当	1. 请分享，不是你的职责，你承担并完成的事例
		2. 请分享，别人不愿承担，你主动承担并完成的事例
		3. 请分享，知道任务有风险，你依然承担的事例
	沟通协调	1. 请分享，面对别人推脱，你成功协调他人配合你工作的事例
		2. 请分享，面对多人参与的复杂局面，你有效组织促成合作的事例
		3. 请分享，面对分歧，你成功地与他人达成合作的事例
	解决问题	1. 请分享，你成功解决工作中最棘手问题的事例
		2. 请分享，你成功解决别人未能解决的问题的事例
		3. 请分享，你通过建立规范和机制，避免问题重复出现的事例
	计划管理	1. 请分享，面对错综复杂的工作，你快速理顺工作安排的事例
		2. 请分享，你运用 PDCA 成功完成一项挑战性任务的事例
		3. 请分享，面对计划被打乱，你成功应对并达成既定目标的事例

表 4-54　生产经理人才画像卡

岗位名称		生产经理
冰山上（学历、经验、技能）		1. 大专以上学历 2. 有两年生产车间管理经验
	考察项	精准提问话术
冰山下（价值观、素质、潜力、动机、个性）	责任担当	1. 请分享，不是你的职责，你承担并完成的事例
		2. 请分享，别人不愿承担，你主动承担并完成的事例
		3. 请分享，知道任务有风险，你依然承担的事例
	团队管理	1. 请分享，你将士气低迷的松散团队打造成高绩效团队的事例
		2. 请分享，你成功扭转团队当中不良习气的事例
		3. 请分享，你克服困难，带领团队完成得最成功的一次任务

(续)

岗位名称		生产经理
冰山下（价值观、素质、潜力、动机、个性）	沟通协调	1. 请分享，面对别人推脱，你成功协调他人配合你工作的事例
		2. 请分享，面对多人参与的复杂局面，你有效组织促成合作的事例
		3. 请分享，面对分歧，你成功与他人达成合作的事例
	统筹规划	1. 请分享，你为一个长期目标的实现，预先安排、合理布局的事例
		2. 请分享，同时面对多个任务或复杂任务，你合理安排并出色完成的事例
		3. 请分享，你在资源有限的情况下，合理调配资源确保目标达成的事例
	解决问题	1. 请分享，你成功解决工作中最棘手问题的事例
		2. 请分享，你成功解决别人未能解决的问题的事例
		3. 请分享，你通过建立规范和机制，避免问题重复出现的事例

表 4-55　研发工程师人才画像卡

岗位名称		研发工程师
冰山上（学历、经验、技能）		1. 本科及以上学历 2. 有三年以上相关工作经验
	考察项	精准提问话术
冰山下（价值观、素质、潜力、动机、个性）	责任担当	1. 请分享，不是你的职责，你承担并完成的事例
		2. 请分享，别人不愿承担，你主动承担并完成的事例
		3. 请分享，知道任务有风险，你依然承担的事例
	用户思维	1. 请分享，你曾经从用户需求出发设计或优化产品或服务的事例
		2. 请分享，你主动提升服务质量，获得用户尊重和认可的事例
		3. 请分享，你成功挖掘用户潜在需求，并为用户带来价值的事例
	精益求精	1. 请分享，你不厌其烦地改进某项工作，超出领导或客户预期的事例
		2. 请分享，你通过改进现有工作方法，显著提升工作效率的事例
		3. 请分享，别人觉得行了，但你仍不满意并继续改进的事例
	钻研探索	1. 请分享，你主导解决的最复杂的技术性问题的事例
		2. 请分享，你发现并引入的一项创新，为公司带来重大突破的事例
		3. 请分享，你通过不断学习新知识和新技能提升工作效率的事例

表 4-56　工艺工程师人才画像卡

岗位名称	工艺工程师	
冰山上（学历、经验、技能）	1. 本科及以上学历 2. 有三年以上相关工作经验	
冰山下（价值观、素质、潜力、动机、个性）	考察项	精准提问话术
	责任担当	1. 请分享，不是你的职责，你承担并完成的事例
		2. 请分享，别人不愿承担，你主动承担并完成的事例
		3. 请分享，知道任务有风险，你依然承担的事例
	沟通协调	1. 请分享，面对别人推脱，你成功协调他人配合你工作的事例
		2. 请分享，面对多人参与的复杂局面，你有效组织促成合作的事例
		3. 请分享，面对分歧，你成功地与他人达成合作的事例
	精益求精	1. 请分享，你不厌其烦地改进某项工作，超出领导或客户预期的事例
		2. 请分享，你通过改进现有工作方法，显著提升工作效率的事例
		3. 请分享，别人觉得行了，但你仍不满意并继续改进的事例
	钻研探索	1. 请分享，你主导解决的最复杂的技术性问题的事例
		2. 请分享，你发现并引入的一项创新，为公司带来重大突破的事例
		3. 请分享，你通过不断学习新知识和新技能提升工作效率的事例

表 4-57　质量工程师人才画像卡

岗位名称	质量工程师	
冰山上（学历、经验、技能）	1. 本科及以上学历 2. 有三年以上相关工作经验	
冰山下（价值观、素质、潜力、动机、个性）	考察项	精准提问话术
	责任担当	1. 请分享，不是你的职责，你承担并完成的事例
		2. 请分享，别人不愿承担，你主动承担并完成的事例
		3. 请分享，知道任务有风险，你依然承担的事例
	坚持原则	1. 请分享，你不顾得罪人而把事情做正确的事例
		2. 请分享，你成功抵挡外部较大的诱惑，维护公司利益的事例
		3. 请分享，你克服压力和阻力，拒绝违反原则的事例

(续)

岗位名称		质量工程师
冰山下（价值观、素质、潜力、动机、个性）	沟通协调	1. 请分享，面对别人推脱，你成功协调他人配合你工作的事例
		2. 请分享，面对多人参与的复杂局面，你有效组织促成合作的事例
		3. 请分享，面对分歧，你成功地与他人达成合作的事例
	精益求精	1. 请分享，你不厌其烦地改进某项工作，超出领导或客户预期的事例
		2. 请分享，你通过改进现有工作方法，显著提升工作效率的事例
		3. 请分享，别人觉得行了，但你仍不满意并继续改进的事例
	分析判断	1. 请分享，你比别人更快做出分析判断，帮助组织做出决策的事例
		2. 请分享，在紧急情况下你做出准确判断的事例
		3. 请分享，面对复杂形势，别人束手无策，你做出正确分析和判断的事例

表 4-58 设备工程师人才画像卡

岗位名称		设备工程师
冰山上（学历、经验、技能）		1. 本科及以上学历 2. 有三年以上相关工作经验
	考察项	精准提问话术
冰山下（价值观、素质、潜力、动机、个性）	责任担当	1. 请分享，不是你的职责，你承担并完成的事例
		2. 请分享，别人不愿承担，你主动承担并完成的事例
		3. 请分享，知道任务有风险，你依然承担的事例
	服务意识	1. 请分享，你主动响应他人需求，出色完成任务的事例
		2. 请分享，你提前发现了顾客需求，给顾客带来惊喜的事例
		3. 请分享，在过往的经历中，你做过的最感动客户的事例
	精益求精	1. 请分享，你不厌其烦地改进某项工作，超出领导或客户预期的事例
		2. 请分享，你通过改进现有工作方法，显著提升工作效率的事例
		3. 请分享，别人觉得行了，但你仍不满意并继续改进的事例

表 4-59　工业工程工程师（IE）人才画像卡

岗位名称		工业工程工程师
冰山上（学历、经验、技能）		1. 本科及以上学历 2. 有三年以上相关工作经验
冰山下（价值观、素质、潜力、动机、个性）	考察项	精准提问话术
	责任担当	1. 请分享，不是你的职责，你承担并完成的事例
		2. 请分享，别人不愿承担，你主动承担并完成的事例
		3. 请分享，知道任务有风险，你依然承担的事例
	逻辑思维	1. 请分享，你成功地从复杂问题中得出最有价值的观点的事例
		2. 请分享，你整合零碎信息，有效呈现内部规律的事例
		3. 请分享，你快速地对某件事精确归纳或准确表达的事例
	组织推动	1. 请分享，同一件事（活动/项目/变革），别人没推动成功，但你成功推动的事例
		2. 请分享，你成功推动落实对公司影响重大的组织变革的事例
		3. 请分享，面对某项新制度或方案推行受阻，你克服阻力成功推进落地的事例
	精益求精	1. 请分享，你不厌其烦地改进某项工作，超出领导或客户预期的事例
		2. 请分享，你通过改进现有工作方法，显著提升工作效率的事例
		3. 请分享，别人觉得行了，但你仍不满意并继续改进的事例
	分析判断	1. 请分享，你比别人更快做出分析判断，帮助组织做出决策的事例
		2. 请分享，在紧急情况下你做出准确判断的事例
		3. 请分享，面对复杂形势，别人束手无策，你做出正确分析和判断的事例

表 4-60 生产及物料控制人才画像卡

岗位名称	生产及物料控制	
冰山上（学历、经验、技能）	1. 本科及以上学历 2. 有三年以上相关工作经验	
冰山下（价值观、素质、潜力、动机、个性）	**考察项**	**精准提问话术**
	责任担当	1. 请分享，不是你的职责，你承担并完成的事例 2. 请分享，别人不愿承担，你主动承担并完成的事例 3. 请分享，知道任务有风险，你依然承担的事例
	沟通协调	1. 请分享，面对别人推脱，你成功协调他人配合你工作的事例 2. 请分享，面对多人参与的复杂局面，你有效组织促成合作的事例 3. 请分享，面对分歧，你成功地与他人达成合作的事例
	计划管理	1. 请分享，面对错综复杂的工作，你快速理顺工作安排的事例 2. 请分享，你运用 PDCA 成功完成一项挑战性任务的事例 3. 请分享，面对计划被打乱，你成功应对并达成既定目标的事例
	分析判断	1. 请分享，你比别人更快做出分析判断，帮助组织做出决策的事例 2. 请分享，在紧急情况下你做出准确判断的事例 3. 请分享，面对复杂形势，别人束手无策，你做出正确分析和判断的事例

建筑行业

表 4-61 施工员人才画像卡

岗位名称	施工员
冰山上（学历、经验、技能）	1. 大专及以上学历 2. 建筑类相关专业

（续）

岗位名称	施工员	
冰山下（价值观、素质、潜力、动机、个性）	考察项	精准提问话术
	诚信正直	1. 请分享，你纠正或阻止他人违反规则的事例
		2. 请分享，你遇到阻碍和困难依然兑现承诺的事例
		3. 请分享，面对诱惑，你依然坚守规则的事例
	吃苦耐劳	1. 请分享，面对最恶劣的工作环境，你成功克服的事例
		2. 请分享，你承担的最艰苦的一项工作
		3. 请分享，你通过加班加点完成一项重要又紧急的任务的事例
	沟通协调	1. 请分享，面对别人推脱，你成功协调他人配合你工作的事例
		2. 请分享，面对多人参与的复杂局面，你有效组织促成合作的事例
		3. 请分享，面对分歧，你成功地与他人达成合作的事例
	计划管理	1. 请分享，面对错综复杂的工作，你快速理顺工作安排的事例
		2. 请分享，你运用PDCA成功完成一项挑战性任务的事例
		3. 请分享，面对计划被打乱，你成功应对并达成既定目标的事例

表 4-62　安全员人才画像卡

岗位名称	安全员	
冰山上（学历、经验、技能）	1. 大专及以上学历 2. 有安全员证	
	考察项	精准提问话术
冰山下（价值观、素质、潜力、动机、个性）	坚持原则	1. 请分享，你不顾得罪人而把事情做正确的事例
		2. 请分享，你成功抵挡外部较大的诱惑，维护公司利益的事例
		3. 请分享，你克服压力和阻力，拒绝违反原则的事例
	沟通协调	1. 请分享，面对别人推脱，你成功协调他人配合你工作的事例
		2. 请分享，面对多人参与的复杂局面，你有效组织促成合作的事例
		3. 请分享，面对分歧，你成功地与他人达成合作的事例
	风险管控	1. 请分享，你成功补救过的一个严重的管理漏洞的事例
		2. 请分享，你通过风险的预防与处理，帮助公司避免重大损失的事例
		3. 请分享，你发现了别人没有发现的风险点，帮助公司避免重大损失的事例

（续）

岗位名称	安全员	
冰山下（价值观、素质、潜力、动机、个性）	坚韧抗压	1. 请分享，面对一项巨大的挫折，你成功应对的事例
		2. 请分享，面对一段长期困境，你成功走出的事例
		3. 请分享，大多数人都没有坚持住，但你依然坚持的事例

表 4-63 资料员人才画像卡

岗位名称	资料员	
冰山上（学历、经验、技能）	1. 大专及以上学历 2. 建筑类相关专业	
冰山下（价值观、素质、潜力、动机、个性）	考察项	精准提问话术
	积极主动	1. 请分享，你主动干预事情发展偏离预期的事例
		2. 请分享，你主动帮助团队解决困难的事例
		3. 请分享，你主动承担别人不愿承担的任务，并最终完成的事例
	严谨细致	1. 请分享，你发现某个细节问题，为公司挽回损失或创造额外价值的事例
		2. 请分享，你比别人更早发现某项工作错误的事例
		3. 请分享，你在同一时间，准确无误地处理多项琐碎工作任务的事例
	精准高效	1. 请分享，你长期做一项工作，很少出错和返工，总能高标准交付的事例
		2. 请分享，你出色完成上级紧急交代的一项重要工作的事例
		3. 请分享，同一项工作任务，你比他人完成得更好、更快的事例

表 4-64　项目经理人才画像卡

岗位名称	项目经理		
冰山上 （学历、经验、技能）	1. 大专及以上学历 2. 有五年以上从业经验，一年以上同岗位工作经验		
冰山下 （价值观、素质、潜力、动机、个性）	考察项	精准提问话术	
	诚信正直	1. 请分享，你纠正或阻止他人违反规则的事例	
		2. 请分享，你遇到阻碍和困难依然兑现承诺的事例	
		3. 请分享，面对诱惑，你依然坚守规则的事例	
	先公后私	1. 请分享，面对个人利益与组织利益发生冲突，你成功处理的事例	
		2. 请分享，遇到别人做出损害公司利益的事情，你正确处理的事例	
		3. 请分享，你为了完成工作目标而做出的最大个人牺牲的事例	
	团队管理	1. 请分享，你将士气低迷的松散团队打造成高绩效团队的事例	
		2. 请分享，你成功扭转团队当中不良习气的事例	
		3. 请分享，你克服困难，带领团队完成得最成功的一次任务	
	沟通协调	1. 请分享，面对别人推脱，你成功协调他人配合你工作的事例	
		2. 请分享，面对多人参与的复杂局面，你有效组织促成合作的事例	
		3. 请分享，面对分歧，你成功地与他人达成合作的事例	

表 4-65　报建员人才画像卡

岗位名称	报建员		
冰山上 （学历、经验、技能）	1. 大专及以上学历 2. 有五年以上从业经验，一年以上同岗位工作经验		
冰山下 （价值观、素质、潜力、动机、个性）	考察项	精准提问话术	
	诚信正直	1. 请分享，你纠正或阻止他人违反规则的事例	
		2. 请分享，你遇到阻碍和困难依然兑现承诺的事例	
		3. 请分享，面对诱惑，你依然坚守规则的事例	
	人际敏锐	1. 请分享，你发现别人的潜在需求并主动提供帮助的事例	
		2. 请分享，你比别人更早觉察他人需求或情绪变化，并有效应对的事例	
		3. 请分享，你觉察到组织当中不和谐的关系氛围，并及时处理的事例	
	严谨细致	1. 请分享，你发现某个细节问题，为公司挽回损失或创造额外价值的事例	
		2. 请分享，你比别人更早发现某项工作错误的事例	
		3. 请分享，你在同一时间，准确无误地处理多项琐碎工作任务的事例	

外贸行业

表 4-66 报关员人才画像卡

岗位名称		报关员
冰山上（学历、经验、技能）		大专及以上学历
冰山下（价值观、素质、潜力、动机、个性）	考察项	精准提问话术
	踏实可靠	1. 请分享，面对简单重复的任务，你依旧高质量完成的事例
		2. 请分享，面对最繁重的工作任务，你依然保质保量、按时完成的事例
		3. 请分享，你中途接手一项他人做得不好的工作，最终出色完成的事例
	沟通协调	1. 请分享，面对别人推脱，你成功协调他人配合你工作的事例
		2. 请分享，面对多人参与的复杂局面，你有效组织促成合作的事例
		3. 请分享，面对分歧，你成功地与他人达成合作的事例
	严谨细致	1. 请分享，你发现某个细节问题，为公司挽回损失或创造额外价值的事例
		2. 请分享，你比别人更早发现某项工作错误的事例
		3. 请分享，你在同一时间，准确无误地处理多项琐碎工作任务的事例

表 4-67 单证员人才画像卡

岗位名称		单证员
冰山上（学历、经验、技能）		1. 大专及以上学历 2. 英语四级证书
冰山下（价值观、素质、潜力、动机、个性）	考察项	精准提问话术
	踏实可靠	1. 请分享，面对简单重复的任务，你依旧高质量完成的事例
		2. 请分享，面对最繁重的工作任务，你依然保质保量、按时完成的事例
		3. 请分享，你中途接手一项他人做得不好的工作，最终出色完成的事例
	严谨细致	1. 请分享，你发现某个细节问题，为公司挽回损失或创造额外价值的事例
		2. 请分享，你比别人更早发现某项工作错误的事例
		3. 请分享，你在同一时间，准确无误地处理多项琐碎工作任务的事例
	精准高效	1. 请分享，你长期做一项工作，很少出错和返工，总能高标准交付的事例
		2. 请分享，你出色完成上级紧急交代的一项重要工作的事例
		3. 请分享，同一项工作任务，你比他人完成得更好、更快的事例

表 4-68 跟单员人才画像卡

岗位名称	跟单员	
冰山上（学历、经验、技能）	1. 大专及以上学历 2. 英语四级证书	
冰山下（价值观、素质、潜力、动机、个性）	考察项	精准提问话术
	踏实可靠	1. 请分享，面对简单重复的任务，你依旧高质量完成的事例
		2. 请分享，面对最繁重的工作任务，你依然保质保量、按时完成的事例
		3. 请分享，你中途接手一项他人做得不好的工作，最终出色完成的事例
	沟通协调	1. 请分享，面对别人推脱，你成功协调他人配合你工作的事例
		2. 请分享，面对多人参与的复杂局面，你有效组织促成合作的事例
		3. 请分享，面对分歧，你成功地与他人达成合作的事例
	计划管理	1. 请分享，面对错综复杂的工作，你快速理顺工作安排的事例
		2. 请分享，你运用 PDCA 成功完成一项挑战性任务的事例
		3. 请分享，面对计划被打乱，你成功应对并达成既定目标的事例
	解决问题	1. 请分享，你成功解决工作中最棘手问题的事例
		2. 请分享，你成功解决别人未能解决的问题的事例
		3. 请分享，你通过建立规范和机制，避免问题重复出现的事例

德锐咨询人才画像卡

表 4-69 咨询顾问人才画像卡

岗位名称	咨询顾问
冰山上（学历、经验、技能）	1. 本科及以上学历 2. 两年以上工作经验

（续）

岗位名称		咨询顾问
	考察项	精准提问话术
冰山下（价值观、素质、潜力、动机、个性）	先公后私	1. 请分享，面对个人利益与组织利益发生冲突，你成功处理的事例
		2. 请分享，遇到别人做出损害公司利益的事情，你正确处理的事例
		3. 请分享，你为了完成工作目标而做出的最大个人牺牲的事例
	钻研探索	1. 请分享，你主导解决的最复杂的技术性问题的事例
		2. 请分享，你发现并引入的一项创新，为公司带来重大突破的事例
		3. 请分享，你通过不断学习新知识和新技能提升工作效率的事例
	卓越交付	1. 请分享，同样一件事，你比过去完成得更好的事例
		2. 请分享，同样一件事，你比同事或同行做得更好的事例
		3. 请分享，你做过的超出客户要求或期望的事例
	影响推动	1. 请分享，你成功影响他人接受产品/方案，给公司带来巨大收益的事例
		2. 请分享，与上级观点/做法有分歧时，你成功说服上级的事例
		3. 请分享，面对他人不配合，你依然如期推进工作的事例
	聪慧敏锐	1. 请分享，你比其他人更快速发现问题本质的事例
		2. 请分享，你快速解决一个复杂问题的事例
		3. 请分享，你临场快速反应，解决多方利益纠纷的事例

表 4-70　项目经理人才画像卡

岗位名称	项目经理
冰山上（学历、经验、技能）	1. 本科及以上学历 2. 5~10 年工作经验

（续）

岗位名称		项目经理
	考察项	精准提问话术
冰山下（价值观、素质、潜力、动机、个性）	先公后私	1. 请分享，面对个人利益与组织利益发生冲突，你成功处理的事例
		2. 请分享，遇到别人做出损害公司利益的事情，你正确处理的事例
		3. 请分享，你为了完成工作目标而做出的最大个人牺牲的事例
	钻研探索	1. 请分享，你主导解决的最复杂的技术性问题的事例
		2. 请分享，你发现并引入的一项创新，为公司带来重大突破的事例
		3. 请分享，你通过不断学习新知识和新技能提升工作效率的事例
	培养他人	1. 请分享，你成功培养下属快速成长的事例
		2. 请分享，你为公司稀缺岗位成功培养出多名人才的事例
		3. 请分享，你为公司战略型人才需求提供人才培养方法和机制的事例
	卓越交付	1. 请分享，同样一件事，你比过去完成得更好的事例
		2. 请分享，同样一件事，你比同事或同行做得更好的事例
		3. 请分享，你做过的超出客户要求或期望的事例
	影响推动	1. 请分享，你成功影响他人接受产品/方案，给公司带来巨大收益的事例
		2. 请分享，与上级观点/做法有分歧时，你成功说服上级的事例
		3. 请分享，面对他人不配合，你依然如期推进工作的事例

表4-71　合伙人人才画像卡

岗位名称	合伙人
冰山上（学历、经验、技能）	三年以上项目管理经验

（续）

岗位名称	考察项	精准提问话术
冰山下（价值观、素质、潜力、动机、个性）	先公后私	1. 请分享，面对个人利益与组织利益发生冲突，你成功处理的事例
		2. 请分享，遇到别人做出损害公司利益的事情，你正确处理的事例
		3. 请分享，你为了完成工作目标而做出的最大个人牺牲的事例
	商业洞察	1. 请分享，你通过对市场动态的评估，发现新商机的事例
		2. 请分享，你比他人更快发现新商机的事例
		3. 请分享，你发现新商机，并将商机转化为市场产品的事例
	钻研探索	1. 请分享，你主导解决的最复杂的技术性问题的事例
		2. 请分享，你发现并引入的一项创新，为公司带来重大突破的事例
		3. 请分享，你通过不断学习新知识和新技能提升工作效率的事例
	培养他人	1. 请分享，你成功培养下属快速成长的事例
		2. 请分享，你为公司稀缺岗位成功培养出多名人才的事例
		3. 请分享，你为公司战略型人才需求提供人才培养方法和机制的事例
	影响推动	1. 请分享，你成功影响他人接受产品/方案，给公司带来巨大收益的事例
		2. 请分享，与上级观点/做法有分歧时，你成功说服上级的事例
		3. 请分享，面对他人不配合，你依然如期推进工作的事例

表格岗位名称为"合伙人"。

■ 关键发现

- 招聘工作，画像为先。
- 通用岗位的通用素质项：全局意识、团队管理、目标管理。
- 高管岗位的通用素质项：先公后私、领导激励、事业雄心。

Talent
Portrait

第 5 章

不问行为就难辨高低

> 如果不提出最佳问题,
> 你怎么去找最佳答案?
> ——梅若李·亚当斯

有了人才画像卡,便有了人才选择的标准。

冰山上素质通过简历内容就可以判断,而冰山下素质却比较难考察。虽然难,但是也有考察的方法。针对素质项的行为事例进行精准提问与深度追问,就可以辨别应聘者在某个素质上的高低。

一名合格的面试官,需要通过面试官认证。认证方式是在真实的面试场景下,认证官通过面试官在提问、追问、控场、判断等方面的现场表现来判断其符合程度。

这是尬聊,不是面试

在一次客户内部进行的金牌面试官认证现场,招聘岗位为薪酬专员,该岗位人才画像如表 5-1 所示。

表 5-1 薪酬专员的人才画像

岗位名称	薪酬专员
冰山上 （学历、经验、技能）	本科及以上学历
	两年会计类或薪酬类相关工作经验
冰山下 （价值观、素质、潜力、动机、个性）	责任担当
	严谨细致
	说服影响
	学习成长

面试官在40分钟左右的面试过程中，共计问了以下二十多个问题：

"你是哪年毕业的？你是通过什么方式进入前一家公司的？社招还是校招？"

"具体介绍一下在前一家公司的具体工作情况，包括岗位、工作内容等。"

"你们部门架构是什么样的？"

"你的工作是独立完成的，还是和其他人一起完成的？"

"从考勤开始到薪酬结束，整个工作流程是怎样的？"

"整个考勤是系统管理，你提到的导入的数据是指什么？"

"这个公司需要维护多少人的数据？都是些什么人员？有没有涉及不同的排班？排班是如何确定的？"

"你觉得你们的考勤制度复杂吗？复杂在哪里？这些都是靠人工判断还是用其他方式判断？"

"有没有特别的情况需要处理？"

"遇到很难处理的情况，你是如何处理的？"

"对于公司的规定你是如何考虑的？是规定太苛刻，还是宣导不够？你有实际操作过吗？"

"在什么情况下，你会寻求你上级帮助？除考勤方面，其他方面的举个例子吧。"

"在处理大量数据时，免不了出错，有没有出现过因为你的原因产生错误的情况，举例说明如何处理的？后来怎么解决的？对员工有什么影响？这个对你有什么影响？"

"你觉得你是个细心的人吗？"

"你喜欢做数据类的工作还是其他工作，如与人沟通等？"

"15个地区有几个供应商？与社保协调员的沟通困难是什么？"

"对未来职业发展有什么考虑？原因是什么？"

"你会喜欢一家什么样的公司，会不喜欢一家什么样的公司？你愿意加入公司共同来帮助改善公司的制度吗？"

"你会喜欢什么样的上级，会不喜欢什么样的上级？你遇到过上级给到你超过你能力范围的工作吗，是如何处理的？"

"加班多吗，会多到什么程度？什么原因导致这么多加班？你是如何看待加班的？"

"换工作的原因是什么？考核本岗位至少需要1年时间，你能接受吗？"

"你有什么问题想问我们？"

面试结束后，面试官小心翼翼地问："这次面试官认证我能通过吗？"认证官反问道："你能判断出该应聘者符合画像中的四个素质项要求吗？"面试官先点头后又摇头，显出不确定的表情。认证官叹了口气，列出了所有的问题，并给出了改进建议。

第一，认知性、封闭式问题占了一半，比如问岗位职责、组织架构、工作流程等，应聘者对认知性问题的回答，只能判断出他对前一家公司的情况是否了解，不能感知他是否具备要考察的素质项。还有一些是封闭式问题，比如"你是个细心的人吗""你加班多吗"等，针对这样的问题，应聘者一定是基于你的角度来回答的，很难判断出其真实的状态。

第二，提问不够精准。有几个问题，虽然涉及了素质项，但不仅咬合度较低，还一连串问出好几个问题。比如"在处理大量数据时，免不了出错，有没有遇到过因为你的原因产生错误的情况，举例说明如何处理的？后来怎么解决的？对员工有什么影响？这个对你有什么影响？"可以感受到这是针对严谨细致的发问，但问题冗长，"连珠炮"式的一连几个问题，会让应聘者无从下手，给出的答案也就很难符合面试官的需要了。

第三，缺失提问要素。比如"15个地区有几个供应商？与社保协调员的沟通困难是什么？"这是针对说服影响素质项的发问，但问题中忽略了最重要的要素"你"，也没有针对场景的设计，应聘者的答复往往会显得平庸，导致面试官无法获得有效信息，影响判断。

如果面试提问不精准，就很难考察出应聘者在这些素质项上的最佳表现，也就无法判断这位应聘者是否符合用人标准。在很多的面试决策中无法做出清晰判断，多数原因不是应聘者本人是否具备相应的素质，而是面试官的提问方式。

结构化提问的 OBER 法则

基于素质项的提问，一般采用结构化的行为提问方法。

结构化的行为提问是指根据清晰的人才画像设计面试问题，同时面试问题的设计一定要基于过往的行为。一个人的行为模式是相对稳定的，不会在较短时间内发生大变化，特别是在遇到相似情景时，人的行为反应倾向于重复过去的方式，过去行为是未来行为的最好预测指标。通俗地理解就是：

- 如果一个人在过去的岗位上很成功，那么他在未来的岗位上成功的概率会非常大，反之亦然。
- 如果一个人在过去经历中处理的事情很成功，那么在未来的工作中遇到同样的事情，他处理成功的概率也会非常大，反之亦然。
- 如果一个人能通过总结过去失败的教训、学习新知识不断提升自己，那么他在未来遇到挫折时也能通过学习和总结来渡过难关，反之亦然。

基于素质项的行为问题设计，使得面试考察维度能够全面且清晰，可以完整呈现出应聘者在所有关键素质项上的表现。提问对了，方向就对了，面试也就成功了一半。

那么面试官如何发问才能确保让应聘者立即理解所问的问题，从而准确地进行回答呢？我们通过多年的实践经验积累，总结出面试提问的 OBER 法则（见图 5-1），面试官基于此原则进行提问可以有效节省面试时间，提升面试精准度。

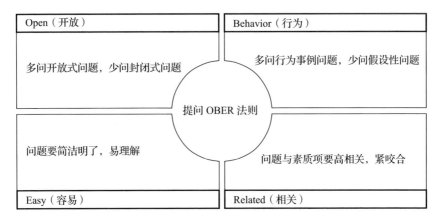

图 5-1　OBER 法则

开放（open）：多问开放式问题，少问封闭式问题

一位谷歌面试官说过："你应该问开放式问题，测试问题解决能力和一般性知识，然后再深入细节。"

开放式问题需要应聘者在"为什么""怎么样""是什么"等方面进行阐述，使面试官获取更丰富、更全面的信息。例如：

"请分享，你在过往的经历中，通过自己学习到的知识或技能，帮助公司解决问题的事例。"

我们发现，回答这类问题，应聘者必须像讲故事一样，从事例发生的时间、地点、人物、场景以及整个过程进行阐述。在应聘者阐述的过程中，我们可以清晰地了解应聘者的表达能力和思维能力。

封闭式问题提问常用的句式是"是……还是……""有没有"等，回答容易，可以快速得到答案。例如：

"你的前任主管是个严厉的人还是随和的人？"

无论应聘者回答"是"还是"否"，面试官都很难获得更多的有价值的信息，如果想要获得更多信息，还需要花费时间再去重新提问或接着追问。比如：

"你是一个细心的人吗？"

应聘者为了迎合面试官，一定会回答："是的，我很细心。"因此，封闭式问题得到的回答基本都是面试官想要得到的，这就是面试时感觉"不错"，录用后却感觉"很错"的缘由。

封闭式问题限定了应聘者回答的思路，给了应聘者选择答案的方向，具有一定的引导性，但不能收集到应聘者更多实际的信息。而开放式问题能给应聘者充足的思考空间，能够得到关于应聘者思维过程更全面的信息。

封闭式问题可以使用，但应该控制其使用的频率及场景。一般来说，可以在以下三个场景中使用。

一是在面试刚开场时，为了缓和气氛，可以用几个封闭式问题，快速营造轻松的氛围，有利于给应聘者解压，释放其紧张情绪。比如，"咱们这里好找吗""您是开车过来的吗"等。

二是当我们对某些信息不太确定时，可以用封闭式问题加以确认。比如，"您刚刚说这个方案给公司节省了 100 万元的成本，是吗？"

三是用于设定话题的讨论范围，比如，"接下来，我们就您当时如何帮助客户进行方案的落地进行深入探讨，可以吗？"

除了以上情境，在需要获取更多信息的场景下，要尽可能用开放式问题，通过应聘者的陈述，收集足够的信息以便准确判断。总体来说，就是用封闭式提问开启一场面试，用开放式提问推进面试，追问细节，最后用封闭式提问对信息进行确认。表 5-2 列举了开放式问题和封闭式问题的示例。

表 5-2　开放式问题与封闭式问题示例

开放式问题	封闭式问题
请你分享一个最成功的项目管理例子	有没有通过团队合作取得最成功的项目
你经历的难度最大的项目是什么，是如何应对的	这件事解决后，有没有制定相关制度让这件事不再发生
请分享，与上级有最大的矛盾时，你成功处理的事例	你觉得人生中最大的激励是从金钱还是从工作中获得的
请分享你及时发现客户潜在需求的事例	你的团队沟通能力好不好
团队中有特别难相处的同事，你是如何相处的	有时在工作紧急的情况下，需要进行加班，你能接受吗

行为（behavior）：多问行为事例问题，少问假设性问题

行为类问题常用的句式有"请举一个能够体现……例子""你成功处理……（工作情境），请举一个具体的例子"等。应聘者在回答这类问题时，需要用过往的一个具体的事例来回答，面试官需通过应聘者对整个事件过程中的行为描述，发现其在该素质项上的表现，从而判断其是否符合公司对该岗位的要求。

假设性问题的常用句式有"假如你……你会……""你觉得……""如果你……"等。提这类问题只会得到笼统的、模糊的回答，不能说明应聘者真实的所作所为及取得的成绩。如"假如你来做我们的销售经理，你会采取哪些方式提升业绩？"针对类似未来情境的假设性问题，只能考察应聘者的认知和想法，无法考察其真实的行为表现，然而行为才是素质的表现形式。

有经验的应聘者会滔滔不绝地给出解决问题的思路和评论，或许这些是他听来的、看来的，不能证明应聘者有能力完成此项任务。认知和行为中间往往有一条巨大的鸿沟，我们需要的是有行为能力的应聘者，而不是夸夸其谈的认知专家。针对应聘者过往行为事例的提问，能够帮助我们发现这条鸿沟是否存在。

语言的巨人，行动的矮子

王扬是半年前入职公司的人力行政总监，有良好的大公司任职背景和211学校硕士学历。面试时，他针对入职后的工作开展计划以及系列变革举措的设想，不仅逻辑清晰，步骤明确，重点突出，而且还有实施前后的成效对比，听起来非常完美，总经理毫不犹豫地决定录用他，并暗自庆幸，终于找到了理想中的人才。

入职后，总经理和王扬面谈了一次，听取了他的计划，并鼓励他尽快按计划落地实施，其间如果遇到困难，总经理都会全力支持他。两个月后，没有动静，总经理猜测王扬刚入职不久，需要时间了解公司实际状况，计划推进起来才更有效。三个月后，还是没有什么变化，总经理忍不住询问计划的进展，王扬回复说正在推进中，并将详细计划又向总经理汇报了一次。

六个月了，总经理依然没有看到实质性的进展，这时他才明白，王扬不是实干家，而是夸夸其谈的评论家，说得非常好听，认知也到位，就是没有行动，通俗地讲，就是说一套做一套，言行不一致，知行也难合一。

一个人的"知"不能代表其"行"，知行合一真正做到是很难的事情。企业用人更应该侧重于"行"，用行为事例考察更能准确识别适合企业的人才。

面试发问不是不能用认知性或假设性问题，而是不要过多。一般在三个场景下，可以运用假设性或认知性问题。

一是考察未来规划时，比如，通过问"你对未来3～5年的职业发展有什么计划，并为此做了哪些准备"这样的问题可以帮助我们了解应聘者与公司的适配性。

二是对于专业程度较高的岗位所必须掌握的知识技能，用认知性问题，测试应聘者的掌握程度。

三是考察在特定场景下的某项能力，或者比较难用行为来考察的能力，比如思维能力时，会用假设或认知来设置场景，比如，"针对这个主题，你的思路是什么？"

避免"当"字提问陷阱

用行为类问题发问时，常常陷入"当"字误区，即问题用"当"字开头，比如，"请分享，当你遇到合作性最差的同事时，你是如何处理的？"

这类问题形式上是问行为做法的，但是这样的句式，很容易让应聘者用一个假想的场景以及在该场景下的认知来回答，无法捕捉其真正具体的行为表现。因此我们要尽量避免用"当"字，而是直接问事例："请分享，遇到合作性最差的同事，你正确处理的事例。"

总之，我们可以用行为类问题考察过去表现，从而推测未来的行为；用认知或假设考察计划性、专业度，从而判断与岗位要求的适配性。表5-3列举了部分行为事例问题和假设性问题事例。

表 5-3　行为事例问题与假设性问题示例

行为事例问题	假设性问题
请分享，你过去的经历中，取得过最好的业绩的事例	如果 B 和 C 向你反馈关于 A 的评价相互矛盾，你会怎么办
请分享，你对某个问题进行了深入分析，得出了正确的结论，并采取了有效行动的事例	如果加入公司，你怎样做好销售总监
请分享，你面对具体的困难和挑战，通过你的努力，成功解决并跨越的事例	十年之后，你希望做到什么职位
请分享，你曾经为自己设立了一个目标，并通过努力实现的事例	当你处于某个领导职位时，你觉得获得与他人合作最有效的方法是什么
请分享，面对公司利益与自我利益冲突，你成功处理的事例	你认为现在的部门组织架构与部门职责是怎样的

容易（easy）：问题简洁明了易理解

面试官提出的问题要避免冗长啰唆，简单明了且易于理解的问题才能一针见血，直击关键。

第一，表达要声音洪亮、语速适中、语句清晰，问题没有歧义。

在面试过程中，如果面试官的音量过低，对问题的表述不够清晰明确，应聘者就需要不断地确认问题。应聘者参加面试本来心里就带着紧张的情绪，如果将注意力转移到理解问题上，势必无暇去回忆和讲述具体的行为事例了。

"对不起，能再说一遍吗？"

在一次研发工程师的面试中，面试官李洋问了这样一个问题："请分享，在过往的经历中，你影响和推动他人完成工作目标的事例。"应聘者听完，并没有直接回答问题，而是反问道："您是指完成他人的工作目标，还是完成我的工作目标？"李洋进一步补充道："是指他人的工作目标。"这时应聘者才进入思考状态，说了曾经的事例。虽然他回答的内容没受到影响，但因对问题有歧义，应聘者注意力有了转移，心境和思路自然也受到影响。

接下来，因李洋与应聘者隔着一张宽的会议桌，发声音量又不大，每问出一个问题，应聘者都前倾身体试图抓住问题的关键点，但结果都不理想，只能不断地问李洋："对不起，能再说一遍吗？"这样的面试大大降低了效率，影响了应聘者正常发挥。

第二，用词不要太专业，白话接地气更亲切。

有些面试官为了展现自己的能力，用过于专业的词汇来设计问题，或用一些生僻的词语来修饰，还有的以公司内部的习惯用语来表述，让应聘者十分茫然。为了让应聘者更快速理解问题的含义，要尽可能用最白话、最接地气、最能让应聘者理解的语言来发问。

第三，不需要针对问题做过多解释，确保应聘者能够清晰理解所问的问题足矣。

有些面试官在发问前，通过冗长的背景铺垫来表达问题的关键，生怕应聘者不能理解问题的要点而答非所问。有的甚至说了五句话后问题还没出现，这样的提问方式我们称为"头重脚轻"式发问。应聘者对问题的关注点主要是前三句，过重的前奏反而让应聘者抓不住重点，失去了方向。我们发现，因为发问不够简洁而导致面试者发挥不正常的现象时有发生，不是应聘者不够优秀，而是面试官的问题实在让人"无从下嘴"。

"裹脚布"式提问

"我知道你之前是做人力行政经理的，你肯定推行过公司的薪酬调整，在薪酬调整的落地过程中，你也肯定听到过不同的声音，遇到过一些不配合的情况，比如不接受调整的比例，对金额存在诸多质疑，甚至会联合大家一起拒绝接受新的薪酬政策等。你能否分享一个最难处理的案例，你是如何处理的？"

这样的问题可能出现在很多面试过程中。该问题过于冗长，并且加入了许多推测，让应聘者一时无从回答，最后草草举例，未能展现出应有的能力。

如果将问题简化为"请分享，你过往推行薪酬变革落地过程中最难处理的一个案例"，就变得简洁明了了，不会出现应聘者云里雾里、答非所问的情况。

相关（related）：问题高相关、紧咬合

面试官设计的问题一定要紧扣要考察的关键素质项，所有与人才画像无关的发问，大多无法提供应聘者是否匹配岗位的有价值信息，降低了面试效率和面试精准度，是在浪费时间。

咬合素质项的问题诞生记

在英才公司的"精准选人"培训现场，其中有一组学员为素质项"责任担当"设计的三个问题如下：

（1）你过去工作中，遇到的最大客诉是怎样处理的？

（2）举一个例子，曾遇到一个艰巨的任务，大家都不愿担当，你是如何完成的？

（3）回忆你在工作中出现失误造成严重后果，你应对处理的例子。

培训老师问："第一个问题是想考察应聘者处理客诉问题的技巧，还是他面对问题，没有逃避、有担当？"

该组组长回答说："我们是两个方向都有涉及的。"

"在设计基于素质项提问的问题时，不能企图有一箭双雕式的提问。精准提问就是考察什么就问什么。因为这个问题的设计没有与素质项

高度相关,所以咬合度不够。"

"第二个问题可以,但可以再理顺一下:'请举一个面对一项艰巨的任务,大家都不愿担当而你最后承担的例子。'"培训老师说完,大家都点了点头。"好,这一题我们鼓掌通过。"现场响起掌声。

"第三个问题本身没有问题,只是与所考察的素质项咬合度不够。"

"我们再来想一下,在什么样的情况下最能体现、最需要责任担当?"培训老师再一次引导大家思考。

"在别人不愿意做而自己主动去承担的时候。"

"请举一个例子,别人不愿意做而你主动承担的例子。"培训老师进一步引导。

经过几轮讨论,大家设计问题越来越熟练。不过,立马有人提醒道:"这个点第二个问题已经问过了。"头脑风暴继续……

看到大家陷入了沉默,培训老师又提醒道:"大家想想,我们夸人责任心很强,一般什么时候夸?"培训老师换了个角度引导大家再次思考。

组员们回答道,"当工作和个人安排发生冲突的时候,可以看是优先工作还是优先个人事情。"

"好,那我们可以怎样提问?"培训老师问道。

组员们顺着思路继续回答道:"请分享过去经历中,当公司任务和个人私事发生冲突时,你是如何处理的?"

培训老师补充道:"这个还可以再精准些,行为提问中有个非常重要的要素,就是'最需场景'以及与这个最需场景相匹配的期望结果,因此这个问题可以这样问:'请分享过去工作中,你接到一个和你个人安排发生冲突的紧急任务,你妥善处理的事例。'"

现场所有人都点了点头。

于是,两个高度咬合素质项的问题在培训老师的引导下诞生了。

(1)请举一个大家都不愿担当而你最后承担并完成任务的例子。

（2）请分享过去工作中，你接到一个和你个人安排发生冲突的紧急任务，你妥善处理的事例。

行为提问公式＝"你"＋最需场景＋期望结果＋事例

我们发现，在用行为事例发问时，常常离不开以下几个要素："你""最需场景""期望结果"，以及"事例"。

为什么用"你"

面试的目的是考察应聘者是否符合岗位要求，也就是面试考察的对象是应聘者。显而易见，提问的对象就是"你"，不是"你们""他们"或其他人。

没有对"你"提问

有的面试官在提问时，想当然地认为应聘者一定知道在问"他本人"，而忽略强调对"你"提问，比如，"在与社保协调员的沟通中，最困难的是什么？是怎么解决的？"这个问题很容易让应聘者的答案偏向多数人遇到的困难，变成了普适性的问题，考察的不是应聘者本人。

错对"你们/你们公司"提问，用整体代替个体的"你"

还有的面试官在提问时，习惯性地用"你们"或"你们公司"来代替"你"。比如，"遇到双方有分歧时，你们是怎么处理的？"这给应聘者传递的信息是问团队或公司当时是怎样应对分歧的，而不是他本人采取的行动。我们不能获得应聘者本人在面对分歧时处理问题的能力的信息，当然也无法判断应聘者未来在遇到同样问题时，是否有能力解决。

面试考察的是应聘者本人，因此在提问时，一定要强调"你"的行为,才能帮助面试官精准判断。

为什么用"最"字场景

在面试过程中,面试官常常会用一般场景来发问,比如,"请分享你做成功的一件事"。

每个人对成功的理解不太一样,而且在过往的生活工作或学习的经历中,成功的大小事例很多。这样的提问,会让应聘者信手拈来一个他认为成功的事例,往往这个事例又很难判断出其是否具备所要考察的素质,素质常常在最需场景下才易表现出来。

行为面试问题,一定要在"最"字场景中来提问,比如:

"在过往的经历中,你给公司做出的最大贡献是什么?带来了什么价值?你最值得自豪的一件事是什么?你最成功的一个项目是什么?"

如果应聘者这么回答:"对不起,没有什么特别自豪的……"或者"一直都很平常,想不出来有特别贡献的事情"。针对这样的回答,面试官不会认为应聘者是在谦虚,而是认为应聘者不具备追求成功的特性,按人的行为惯性来推测,未来获得成功的概率也小很多。

通过最需场景的问题,不但可以通过行为本身衡量应聘者的水平,还可以挖掘这个行为背后的动机。这个"最"字场景将会衡量应聘者的成就水平,也会了解应聘者的成就感来自哪里。

通常用的"最"字场景包括最优场景和最难场景(见图5-2)。

图5-2 提问"最"字法则

用"最优"发问，考察的是应聘者做得最好的方面，比如最成功、最自豪、最满意、价值最大、贡献最大、印象最深等。通过最优事例的表述，能发现应聘者是否具备成就动机，以及其在成功经验中体现出来的素质能力是什么。

用"最难"发问，考察的是应聘者在处于不利的情况下应对困难和解决问题的能力，"最难"场景经常出现在工作和生活中，因此这个能力尤为重要，比如最困难、最具挑战、最低谷、最失败、压力最大、矛盾最大、分歧最大等。通过对最难事例的内容、过程和应对行为的表述，可以考察应聘者面对困难时的处理能力，判断其未来在工作中遇到类似困难情境时，能否有效应对。

用"最"字发问对应聘者的考察既快又准，而且深入。如果最成功的事例在面试官看来很一般，那么未来取得更大成功的概率不会太高；如果最困难的事例在其应聘的岗位上常常发生，那么未来该岗位日常工作的顺利开展会不断受阻。

场景的设计需要与素质项尽量贴合，可以通过以下两个角度来对应素质项。

在什么场景下最需要这个素质

比如，考察会计岗位的"坚持原则"，在会计遇到有违规现象发生时，需要跳出情感、利益、权威等束缚，坚守规则制度，这时问题可以是"请分享，发现了上级有违规行为时，你妥善处理的事例"。

这个素质在什么场景下更重要、更可贵

还是考察会计岗位的"坚持原则"，当别人想用利益诱惑时，是否具备这个素质项显得尤为重要。具备坚持原则的人，会毫不犹豫地抵制诱惑，这时问题可以是"请分享，你果断拒绝利益诱惑，坚守职责的事例"。

设计"最需场景",只要不断问自己以上两个问题,就可以设计出最能体现这个素质高低的多个场景的问题。

为什么用"期望结果"

考察冰山下素质的目的,是推测应聘者在未来同样的场景下的行为,以及该行为带来的结果。一般情况下,大多公司都期望是圆满的结果,比如,出色完成了某件事、顺利渡过了某个难关、达成了挑战性的目标、完成了看似不可能完成的任务。所以在提问的问题中直接表达期望的结果,可以让提问更精准、更有效。

什么是期望结果呢?在某个"最需场景"下,面试官希望应聘者表现出来的某个素质项,要达成什么,就是期望结果。

没有"期望结果"的提问

比如,考察责任担当,设置的场景是"别人不愿承担的职责,你主动承担",如果没有设置"期望结果",提问的问题是:"请分享,别人不愿承担,但你主动承担的事例。"乍一看,这个提问与素质项的咬合程度高、开放式提问、场景设置合理、有要素"你",是个不错的问题。但实际上应聘者回答的方向有两个,一个是出色完成了承担的这个额外任务,另一个只是承担了而已。

作为管理者,当然更愿意录用的人才是不仅愿意承担而且还能够出色完成任务的应聘者。如果在问题中直接约定出这样的期望结果,对应聘者来说,更直接、更精准,也更有针对性。因此,提问问题可以设计为:"请分享,你出色完成别人不愿承担的一项任务的事例。"应聘者听到这样的问题,会立即了解问题所指,回答也不会跑偏。

提问中,宁可让对方察觉到考察的意图,也要问出真实的期望结果。

为什么用"事例"

前文中已经阐述过，行为事例的提问，就是用事例来阐述，因此用"事例"最能考察应聘者的行为。如果不强调用事例来回答问题，应聘者往往会用认知、计划、决心、意愿、判断等回答，是模糊的，而没有真正体现在行为上。

比如提问沟通协调，"在跨部门沟通出现问题时，你是怎样处理的？"这个问题中虽然强调了"你"，也有与素质项相关的场景，但因为没有强调"事例"，往往应聘者的回答会是"我认为遇到这样的情况，首先……"，用认知代替了行为。

万能提问句式

有些时候，面试官如果一时之间想不到最需场景，也无法针对素质项按行为提问公式设计出精准的问题，该如何提问才能让应聘者展现出基于素质项的能力呢？

这时，可以直接用素质项进行提问。比如：

"请分享，最能体现你责任担当的事例。"

"请分享，最能体现你团队协作的事例。"

这样的提问既精准又简捷，也让应聘者第一时间抓取到面试官的意图，我们称为万能提问句式，即"请分享，最能体现你（素质项）的事例"。

但不是说有了这样的万能提问句式，就不需要训练提问技巧了。这个问题的场景非常不明确，应聘者陈述的事例场景不一定与所应聘岗位相匹配。因此，万能提问句式，只有在确实没有更精准的问题的情况下才可以使用。

我们的经验表明，行为提问的句式用陈述句比疑问句更开放，更能让应聘者放松，问题的描述也更清晰。因此，在我们后面内容中提供给读者的素质项的提问模版都采用的是陈述句。

设计提问十大场景维度

完整地考察一个素质项，可以从素质项的多个维度来发问。

通过对大量基于素质项提问问题的归纳总结，我们提炼出可以用来设计问题的十大场景维度，即对比、难度、宽度、频度、长度、深度、复杂、主动、唯一、角色。有了这些维度，即使面对突如其来的素质项考察，也能很快设计出精准的问题。下面列举几个素质项来说明如何用各维度设计出精准的提问话术。

卓越交付

针对卓越交付素质项的提问，我们可以运用对比维度——对比过去、对比同事、对比同行、对比客户要求。从这四个维度，问题设置如下：

"对比过去"：请分享，同样一件事，你比过去完成得更好的事例。

"对比同事"：请分享，同样一件事，你比同事做得更好的事例。

"对比同行"：请分享，同样一件事，你比同行做得更好的事例。

"对比客户要求"：请分享，你做过的超出客户要求或期望的事例。

坚韧抗压

这个素质项考察的是应聘者的毅力及相应行为，可以从多个维度设置提问，比如困难程度（难度）、时间持久性（长度）、影响范围（宽度）、发生频次（频度）。问题设置如下：

"难度"：请分享，面对一项巨大的挫折，你成功应对的事例。

"长度"：请分享，面对一段长期困境，你顺利走出的事例。

"宽度"：请分享，遇到工作中的阻碍，大多数人都选择了放弃，但你依然坚持的事例。

"频度"：请分享，屡次遭遇挫折，但你依然坚持并取得成功的事例。

责任担当

这个素质项考察应聘者对待责任的态度，在不同的情景下，对于责任承担是如何做选择的。可以通过角色维度"不是你的职责"、主动维度"别人不愿担当的职责"、难度维度"有风险的职责""有委屈的职责"等几个方面考察。

"角色"：请分享，不是你的职责，你承担并完成的事例。

"主动"：请分享，别人不愿承担，但你主动承担并完成任务的事例。

"难度"：请分享，知道任务有难度，但你依然承担并完成的事例。

"难度"：请分享，你承受着巨大委屈或误解，但依然出色完成任务的事例。

市场敏锐

这个素质项着眼于敏锐，敏锐的表现方式是第一时间发现，或提前预测等。因此，我们可以从时间轴上加以思考，可以用对比维度和深度维度两个维度来设计提问。在深度这个维度可以用及时、提前、预测等，一步步深入。

"对比"：请分享，你发现了别人都没发现的客户的潜在需求的事例。

"深度"：请分享，你及时发现了客户的潜在需求的事例。

"深度"：请分享，你提前发现了客户的潜在需求的事例。

"深度"：请分享，你准确预测客户需求或市场趋势的事例。

沟通协调

这个素质项表现的是面对复杂的情景，如何应对、如何影响、如何达成一致的能力。可以从角色维度、复杂维度和难度维度来设置问题，比如别人推脱不愿做、有分歧、复杂度最高、难度最大。

"角色"：请分享，面对别人推脱，你成功协调他人配合你工作的事例。

"角色"：请分享，面对分歧，你成功地与他人达成合作的事例。

"复杂"：请分享，面对多人参与的复杂局面，你有效组织促成合作的事例。

"难度"：请分享，面对最难的问题，你成功协调并达成合作的例子。

精准提问六个常见错误

设计问题和发问能力是面试考察的第一步。很多面试官即使知道了上述面试提问理念，在实际面试过程中，仍然不自觉地会犯各种错误。比如面试全过程大量出现封闭性、假设性问题；面试设问不够精准，让其他面试官听不出考核维度。这些问题如果在面试过程中发生频率过高，那么最终很可能做出错误的人事决策。我们经过大量的实践总结，归纳出精准提问的六项常见错误与读者共勉。

错误一：提问方式太生硬（语气语速、肢体语言、面部表情）

一场面试不仅展现了公司的企业文化、品牌效应，同时也体现出面试官良好的素养。面试官的语言、表情以及体态，都会影响公司在应聘者心中的形象。

有的面试官为了考察应聘者对压力的反应，用生硬的语气、严肃的面容、两米以上的距离、坐成一排的面试官等，来营造高压面试氛围。其实这是将压力面试和压力性提问混淆了，不太友好的口吻、僵化的面部表情，对应聘者来说既不够礼貌，又会增加其负担，反而不能够真实表现自己。舒适的提问、平和的语速、友好的肢体语言以及面带微笑的面容更能让应聘者进入状态，充分发挥，也会让我们获取更多的真实信息，为精准判断提供依据。表5-4列举了生硬的提问和舒适的提问的例子。

表 5-4　生硬的提问与舒适的提问

生硬的提问	舒适的提问
你举个案例吧……	请分享一个事例……
你讲个案例，能说明……	请你描述一个过往的事例……

错误二：提问场景过于平淡

面试不同于聊天，认为通过闲聊或非正面的问题能推断出应聘者的能力的观点，是不可取的。面试的目的是在最短时间内最高效、最精准地判断应聘者是否适合岗位，而聊天是耗费时间较长、主题较分散、效率较低、不易判断、精准度不高的沟通方式。

既然面试是在短时间内要考察出应聘者在素质项上的能力表现，那么过于平淡的场景就无法体现应聘者的实力。提问"请分享你过去成功的例子"，应聘者会泛泛回答他认为成功的事例，而这些事例对于面试官的判断价值不大，应聘者也本可以回答更有代表性的事例。体现不出"最"字情景（最优、最差、最难）的问题，就不能考察出应聘者的真实实力。如果问题变成"请分享你过去最成功的例子"，就可以根据应聘者的描述精准判断其未来是否会有同样的成功行为，这样的成功行为是否符合岗位要求。

错误三：提问场景过于具象

有些面试官在问题的场景设计中非常具象，让应聘者在特定的场景下阐述事例，颗粒度非常小，导致无法收集到有效信息。

比如，考察"说服影响"的提问："请分享，在你过往的经历中，你成功说服下属接受绩效考核结果的事例。"有一半应聘者不具备这样场景下的事例，那么这个问题存在的意义就不大。如果提问"请分享，你成功说服客户接受你的方案的事例"，范围宽了许多，应聘者能提供的事例也更多。

有些面试官生怕应聘者不理解问题，或答非所问，在问题前加上很多定语，反而给自己设置了障碍。比如，"请分享，在过往的经历中，你做过的难度最大、持续时间最长、最成功的一项任务"。问题的限制条件达到三个及以上，得到的回复通常是"好像没有遇到过"或者"没有"。所以面试问题的限制条件最好不超过两个。

错误四：引导式提问

引导式提问是指，应聘者通过提问就知道面试官预期得到的答案是什么，从而有针对性地回答。

比如，"你当时是不是想到要首先完成团队的目标，然后再考虑自己的目标？"应聘者听后，会判断出面试官的期望是将完成团队目标放在第一，然后再考虑个人目标，于是顺意地回答"是的，那是当然"。

从心理学上来说，人们总是更愿意把自己当作一个"好人"。在引导式提问的指引下，应聘者意识到面试官的期望后，会在言行举止中不自觉地迎合。同时引导式提问常常会限制应聘者的思路。如上述的问题，在完成目标上，应聘者或许有很多行为可以分享，但团队目标与个人目标的先后顺序的选择，让应聘者一时之间忘记了想要分享的内容，转而迎合面试官做出其期望的回答。

避免引导式提问的关键就是多用开放式问题。尽可能多用"是什么""怎么样""为什么"提问，给应聘者自由发挥的空间，尽可能展现其当时的行为，从而获取更多的信息。

错误五：连珠炮提问

连珠炮提问是指一次性提出一连串的问题，一个问题尚未表达清楚，又紧跟着另一个问题，这种发问方式往往会让应聘者听得云里雾里，不知重点，大大降低面试效率。

比如，"请分享，在团队中，你与团队成员出现了最大分歧的事例。

团队成员对哪个内容具有最大的分歧,在处理的过程中遇到怎样的困难,你是怎么处理这个分歧的,结果是什么,有什么收获?"这一连串的问题让应聘者不知从哪个环节开始,思绪乱飞,最后随意说个事例草草应对。在面试时,针对素质项精准提出与行为相关的开放式问题即可,其他方面的考察可以通过接下来的追问进行。

步步紧逼的面试

在一次工程部经理的面试中,面试官在考察"团结协作"的素质项。

"请分享,在过往的工作经历中,你通过团队协作克服重重困难,成功完成任务的事例。"

应聘者刚进入思考的过程不到 1 分钟,着急的面试官以为没说清楚,又重复了一遍问题。应聘者紧张起来,不禁皱起眉头思考。面试官见状,又忍不住提示"如果没有准确的事例,说一个类似的也行",应聘者还是没什么反应。面试官打消了问这个问题的想法,转换了其他问题,还是一连串的发问。应聘者对于前一个事例正在思考着,又需要想另一个事例,最后一个也没想起来,于是胡乱拼凑了几个场景,草草了事。

在面试提问过程中,给予应聘者思考的时间,一个问题一个问题慢慢深入,不仅能给应聘者良好的面试体验,而且能挖掘应聘者更多的信息。

错误六:无效的负向验证

我们常会看到面试过程中,面试官不是通过正向提问获得信息来判断应聘者是否具备某项素质项,而是通过负面提问验证应聘者做不到或达不成。这样的方式只能考察应聘者具备某项素质的不成功行为,却不能确认其具备成功的行为。

"请分享，你在某个项目或产品研发上出现重大错误的事例。"

"你投入很多时间精力培养下属，结果却不尽如人意的事例。"

"请举一个你最失败的例子。"

"你投入了大量的精力，付出巨大努力，依然没能取得成功的事例。"

……

这样的问题，无法支持我们考察应聘者是否具备某个素质项，而只能说明他没有做到在这个场景下的成功行为。每个人都有失败的事例，不能因为他有过失败的经历，就推测出其不具备某素质项。我们不能因为失败就否定一个人，而要因为其在此素质项上有成功事例，所以推测其未来成功的可能性。

提问最能体现面试官的面试能力，如果问题问得好，能激发应聘者述说自己过去经历的意愿。反之，如果面试官的提问浅显不深刻、啰唆不精练，会让应聘者产生不屑于与之对话的情绪，减弱表达的欲望。因此，面试官要掌握精准提问的原则与公式，有效收集应聘者的行为信息，从而更高效精准地判断其能力素质。

■ 关键发现

- 提问对了，方向就对了，面试就成功了一半。
- 多用开放式问题，少用封闭式问题。
- 多用行为事例问题，少用假设、认知、意愿、计划类问题。
- 问题要简洁明了，易理解。
- 问题要与考察的素质项高度相关，紧密咬合。
- 用"最"字场景发问更易考察出应聘者的素质。
- 提问用陈述句更开放，更能让应聘者放松，问题的描述也更清晰。
- 行为提问公式="你"+最需场景+期望结果+事例。
- 万能提问句式："请分享，最能体现你（素质项）的事例。"

Talent Portrait

第 6 章

没有追问就没有真相

事物的现象是外在的表现形式，
可能是正确的，也可能是歪曲的。
——马克思

如果说不问行为就难辨高低，那么没有追问就没有真相。

精准地提问只是第一步，想要了解应聘者的行为事例是否真实，还需要通过深度追问来掌握真相。基于人才画像的 STAR 方法，是面试官应该掌握的深度追问技巧。

用 STAR 深度追问

70% 以上的面试官都有过类似的困惑：面试中表现良好的应聘者入职后表现差强人意；一场面试下来，各种信息杂糅，根本不知道该如何判断。其实，深层次原因在于，这些面试官走入了低效面试的误区。

走出低效面试的误区

无法辨别真伪

在评判艺术品时，依赖直觉是没错的。好的艺术家几分钟就能给予画作精准的评价。然而，在面试时，面试官如果自信善于"识人"，那就可能被蒙蔽。造假者会以假充真，蒙骗来不及细察的买主；十分渴望被聘的人也会"制造"完美的假象，在面试中运用夸大、美化或经过剪辑的信息来回答问题。如果你不深入细致考察就相信应聘者的话，事后很可能后悔不已。

智联招聘曾经做过一份调查，92.7%的受访者认为应聘者的说谎比例超过10%，其中30%的受访者认为，该比例高于50%。面试中，应聘者最易说谎的为"离职原因""工作经历"与"薪酬标准"等信息。

关于这个话题，我们辅导的一个客户的HR经理深有感触。他的一个下属曾经把同事的职务及工作业绩移花接木，做成自己的简历，成功应聘到了一家知名地产公司人事行政经理的岗位，但是入职后的实际表现并不理想，甚至造成了比较严重的失误，最后不得不离开。如果那个地产公司当时能够对简历上罗列的业绩进行更为细致和深入的追问考察，相信大概率会避免整个过程所带来的成本损耗。

未能深入考察

有的面试官非常迷信自己的"火眼金睛"，在面试追问中，往往浅尝辄止，获取少量信息后就凭感觉做判断，还没有掌握应聘者真实的行为表现，就开启下一个提问。即便已经有了精准提问，如果不能进行有效的深度追问，没能充分掌握应聘者真实的具体行为表现，我们依然无法做到准确判断。

在一家企业做面试官认证时，开场基本信息交流后，面试官切入行为面试提问。以下是我们现场记录的面试内容。

面试官："由你成功主导推行的涉及内部变革的机制或者制度是什么？"

应聘者："我在上一家单位主导推动产研由传统模式向敏捷团队转型，大幅提升了研发效率及质量。"

面试官进一步追问："那具体是怎么做的呢？"

应聘者回答道："我们主要组织 CTO 和研发骨干共同讨论，确定目前的低效问题、转型方向和应对措施，重点是过程中的跟踪机制，确保转型过程方向不偏离。"

面试官这时露出了赞叹的表情，然后又开启了下一个问题。

面试结束后，我们问这位面试官，对应聘者的组织推动能力的评价如何，这位面试官想了想说，应聘者曾经推动过敏捷转型，推动能力还是不错的。但是我们进一步追问，"你是如何判断出来的""是不是推动过这项工作就说明他具备了组织推动能力呢"，面试官开始露出犹豫和不确定的表情。

实际上，在整个面试过程中，面试官并没有追问对方在整个推动传统模式向敏捷团队转型工作的过程中发挥的主要作用是什么，推动的过程中遇到了什么问题，他是怎么解决的，他提到的跟踪机制又是怎么具体开展的，很多细节信息并没有获取完整。面试官在没有充分获取信息的情况下就做出判断，很难保证判断的准确性。

我们该如何提升面试效果，走出低效面试的误区呢？解决办法就是用 STAR 面试法对应聘者提供的行为事例进行深度追问，从而更好地辨别真伪，判断应聘者的能力高低。

用 STAR 识真伪、辨高低

所谓 STAR 面试法就是面试官通过对应聘者在某个行为事例中的背景（situation）、任务（task）、行动（action）和结果（result）四个方面层层深入进行提问，以充分了解应聘者在某项素质能力上的真实表现，从而做出更精准的判断，如表 6-1 所示。

表 6-1 STAR 面试法的四个方面

背景 （situation）	应聘者从事过的工作（获得的工作业绩）所处的背景或环境 • 为什么要这么做，什么时候，在哪里 • 主要的问题和困难是什么 • 有什么数据可以衡量当时的情况 ……
任务 （task）	完成上述事件（工作业绩）所承担的具体工作任务 • 这个任务的来由是什么 • 这个任务具体是什么 • 你在这个任务中承担什么角色 ……
行动 （action）	完成上述工作任务本人所做出的具体行动 • 你是怎么分析的，与谁一起做的 • 你是怎么说服其接受的 • 你个人具体做了什么 • 花费了多长时间，主要克服了哪些困难 ……
结果 （result）	完成上述工作任务后得到的最后结果或产生的影响 • 有什么数据衡量 • 客户有什么评价 • 后续的工作是什么 ……

华为原副总裁兼人力资源总监吴建国认为："STAR 是一种结构化的行为面试方法，面试官掌握这套技能之后，经过反复锤炼，可以有效杜绝大部分人为拍脑袋的因素，让一般企业的人才识别率提升到 60% 以上。"

STAR 面试法是帮助面试官识真伪、辨高低的有效手段。因为 STAR 是一个严谨的逻辑闭环，所以应聘者如果有意隐瞒或编造信息，则经不起各种细节的追问，或者必须用一个谎言来圆另一个谎言，是很难编完整的，最后很可能自相矛盾，自露马脚。深度追问能从现象"剥洋葱"式地到达本质，能够判断应聘者的行为是持续的还是偶然的，是只有做过的经历还是有做好的经验，是只有想法还是真正付诸了行动，是满足当下需求还是更有利于长远发展，从而判断其素质能力是符合还是不符合。

对于 STAR 面试法，人力资源从业人士大都了解，也认可其价值，但是在实际工作中运用得却并不普遍。在面试的过程中，应聘者回答的内容千差万别，要想获取精准的信息，面试官要清晰地知道在什么时候应该追问，追问哪些内容，以及追问到什么程度等，而这些技巧非反复练习而不可得，必然需要花费大量的时间投入，但是很多企业在人员招聘上往往是紧急招聘而非持续招聘，一方面无法提供充足的练习机会，另一方面在紧急招聘下，企业想快速把人招进来，在面试过程中也很难有耐心按照 STAR 的逻辑和步骤细致地追问，面试官认为自己不按照 STAR 面试也能做出判断。所以，企业要认识到，招聘到合适的人对企业发展的影响是深远的，不可以短期视角做出判断而影响企业的长远利益。每一次面试，都要加强对科学的面试方法和技巧的重视与应用。

基于人才画像进行追问

基于 STAR 的追问很重要，但不能漫无目的，要基于岗位的人才画像。人才画像设置了"冰山上"的门槛条件以及"冰山下"必备的素质要求。追问的时候要以素质项的具体行为要求来进行考察。

某面试官想要考察某销售经理岗位应聘者的商务谈判能力。

面试官：请分享，你最成功的一次影响客户、达成合作的事例。

应聘者：我曾经拿下过一个千万元级订单。一开始客户都表达出不想考虑我们的想法，但是我反复找对方负责人谈了好几次，终于把单子拿了回来。

面试官：当时具体是什么情况？

应聘者：我们主要是产品质量占优势，但是价格上比竞争对手高一些，客户觉得他们不需要产品质量达到那么高的标准，所以考虑与价格更低的另一家公司合作。

面试官：那你具体是怎么说服客户达到目标的呢？

应聘者：我准备了我们与竞争对手的优劣势分析，以及客户与其竞争对手的经营数据对比分析，尤其是客户竞争对手的质量表现、市场占有率和行业口碑，这些都让客户感到了压力，于是我趁热打铁，提出了可以延长后续的质量维护服务期限，让他感受到更长远的价值。

在面试追问环节，面试官一定要时刻谨记，考察对方的关键点是什么，有没有考察到，以及是否需要进一步追问。没有人才画像做依据，追问就会失去焦点，变成无的放矢，即便追问技巧运用娴熟，依然无法做到精准选人。

追问的四个常见错误

除了追问没能基于人才画像展开，很多面试官在追问过程中，还可能会犯一些典型错误。

追问未切中要害

在面试辅导中，经常会有人困惑："我是按照 S—T—A—R 的主线追问了，为什么面试完依然无法做出判断呢？"

这种情况，多数是只掌握了追问的套路，没有掌握追问的精髓，追问没能"切中要害"，即追问的内容与考察的素质项无关，偏离了面试的重心。

下面是一个我们面试辅导时，现场记录的考察"学习成长"素质项的例子。

面试官："请分享，在过往的经历中，通过自己学习到的知识或技能，帮助公司解决问题的事例。"

应聘者："我喜欢读书，我一般会通过读书来学习。"

面试官："你最近一次读的是什么书？"

应聘者："我最近读了海明威的《老人与海》。"

面试官："能简单介绍一下其中的内容吗？"

应聘者："它讲述了一个老渔夫的故事。"

面试官："主人公叫什么？"

应聘者："他叫圣地亚哥。"

面试官："故事中还有其他什么人物吗？"

应聘者："我印象深的还有个小孩，他叫马诺林。"

面试官："这本书读完后，你有哪些收获？"

应聘者："我的收获是……"

以上面试结束后，面试官得出的结论是应聘者所说的信息属实，确实读过《老人与海》，但是面试官却无法给出评价，难以判断应聘者是否满足"学习成长"的素质要求。

案例中，面试官开展了深度追问，追问得很细、很具体，能够做到识真伪，但却难辨高低，原因就是追问未能切中要害。面试官追问的重点应该是考察应聘者"学习成长"方面的行为事例，关键的追问点是学以致用，落在帮助公司解决问题的行为表现上。该面试官追问开始后没能把握好追问方向，甚至追问到书中的主人公等细节信息，是在验证书中的信息，而不是在考察应聘者的素质。追问的内容和考察的素质没有关系，追问出来的内容即使真实，也无法支撑判断。

追问不完整

"哦，我这次又忘了问背景（S）了，他当初为什么做这个事情？感觉面试完了还是不好判断呀！"

"唉，这次我居然忘了问行动（A），只知道他回答了这个事件及结果，他具体是如何做的？"

"他这个事例最后的结果是什么，干成了还是没有干成呢？"

"这个事情他扮演什么角色？哎呀！忘了问了，是他自己做的还是他的部门一起做的呢？"

我们做面试辅导时，经常听到面试官有这样的反馈。

他们也清楚应该按照 STAR 逐一追问，但还是会经常问着问着就把想问的问题忘记了。STAR 追问得不完整，是面试官最容易出现的一个错误，尤其是对 A 部分追问得不够细致、深入。有的面试官过于相信自己的判断，不愿按照 STAR 追问的流程来，跳跃式地追问，导致掌握的信息碎片化或不全面，难以形成客观准确的判断。

在面试一个应聘者时，面试官想考察应聘者独立解决复杂问题的能力，于是就有了下面的对话。

面试官："请分享，你独立成功解决的一个复杂问题的事例。"

应聘者："我通过质量分析帮助公司降低了不良率。"

面试官："这个事情需要由谁来批准吗？"（S）

应聘者："需要我们主管来批准。"

面试官："你是如何说服主管的？"（A）

应聘者："我是做了详细的数据统计分析，用数据说话的。"

面试官："做数据统计花费了多长时间？"（A）

应聘者："花了三个多小时吧。"

面试官："是根据什么数据来统计的？"（A）

应聘者："嗨，就是我们每月收集的质量报表数据。"

面试官："上级的评价是什么？"（R）

应聘者："他觉得这个改善还不错。"

面试官："后面的质量有什么样的改善？"（R）

应聘者："产品的不良率下降了很多。"

面试官："不良率下降了多少？"（R）

应聘者："下降了 2% 吧。"

面试官："这个事情过后有没有形成相关的制度？"（R）

应聘者："暂时还没有。"

在这个面试案例中，面试官主要缺少了对"任务（T）"的追问，另外对"行动（A）"的追问也不够充分，这样就会使得追问得到的信息不充分，没有弄清应聘者在该项质量问题解决过程中所扮演的角色，是主导还是配合？是组织策划还是具体操作实施？完成的质量改善成果与任务目标的差距是什么，有没有达成？这些还都无法判断，很难有效判断应聘者在该项素质上的水平。

追问过密、过急

面试官："请分享，遇到挑战和质疑，你平静处理并影响对方，达成成果的例子。"

应聘者："有一次主持一场研讨会，参会人员现场争执不下，难以达成共识，我尽力做了引导，但是其中一位领导站出来强势地指出，我的方法与安排不妥当……"

面试官（打断了应聘者的讲述）："请问这场研讨会是什么时候组织的？在哪里组织的？为什么组织这场研讨会？都是哪些人参加？希望达成什么样的研讨效果？"

应聘者："这场研讨会是上个月 10 日组织的，在我们公司内部举办的，当时我们希望研讨解决我们今年年度经营目标分解的事宜……"

面试官（急切地又开始了追问）："为什么这个任务由你来主持？你都做了哪些准备？总共花了多少时间准备？"

应聘者（边思考边准备回答）："嗯……"

面试官："哦，对了。为什么现场会出现争执不下的情况？你是怎么处理的？"

应聘者："关于花了多少时间的问题，我总共花了两周时间来准备，提前准备了研讨的议题，并提前发送给大家熟悉，征集意见……不好意思，其他的问题我不太能记得清了。"

面试官："好，我再来说一遍……"

类似的场景，我们在辅导面试的时候经常会碰到，面试官有时会表现得有些盛气凌人或逻辑混乱，连珠炮式的追问往往让应聘者手足无措，也模糊了自己的重点。

面试是为了选到合适的人，不是为了展现优越感，把对方难倒。追问过急、过密会给应聘者造成困惑与压力，也让对方无从答起。抓不住重点、频繁打断，会给应聘者留下有失礼貌、不够专业的印象，关键是，很难准确考察出应聘者的真实水平。

追问倾听不够

在面试中，面试官的主要目的是通过应聘者的表达获得尽量多的有价值信息，应尽量让应聘者多说，大多数情况下面试官要保持倾听。除必要的控场，面试官不宜表达太多自己的想法或看法。倾听不够，会让面试变得低效——同样的时间获得的信息有限或者需要更多的时间才能获得足够信息。

追问时倾听不够，一般存在于以下两种面试官身上。

一是听得少说得多的"演说家型"面试官，他们表达的欲望强于获取信息的欲望，倾向于通过表达来展示自己的专业度，或者比较随性，喜欢自由发挥，想表达的时候就说起来没完，占用了大量本该用于收集应聘者信息的时间。

二是听了却没有听进去的"自负型"面试官，他们问的目的似乎只是为了完成问题，在他们心目中，对于应聘者是否胜任已经胸有成竹。既然已经有了答案，也就对应聘者的信息不那么重视，"听而不闻"了。最终选人的结果验证下来，这种盲目的自信往往不那么靠谱。

口若悬河的面试官

2020年10月的一个上午，应聘总裁秘书的应聘者早早地来到了公司面试等待区。

面试官——刚上任不久的总裁办主任张琪，也很重视这次面试，提前到了面试会议室，熟悉应聘者的资料，在进入会议室前也看到了应聘者，对她的形象气质和简历上的信息非常满意。应聘者在约定的时间进入面试会议室后，先做了一个比较详细的自我介绍，她2020年6月研究生毕业，因为一直在准备考公务员，所以没有正式工作。然后，面试官简单问了一下应聘者未来的一些发展方向等内容，就开始了长达50多分钟的"演讲"。讲到了刚毕业的大学生该如何选择企业、选择工作岗位，如何做职业规划；讲到了应聘者多么优秀、多么适合这个岗位，希望应聘者能够加入，公司会为其提供什么样的机会，等等。其间，应聘者多次想表达自己的一些想法和疑问，但一直没有合适的机会。

面试结束，我们让这位面试官做面试评价，他的回答很肯定，认为应聘者符合该岗位标准。理由是，应聘者形象气质不错，毕业学校很好，学历也高。当我们问到应聘者与总裁秘书岗位画像的匹配度时，他更多是基于感觉或者模糊的信息在推断，无法准确给出应聘者的胜任依据。

后来，这名应聘者放弃了录用机会。询问原因时，应聘者说，面试中感觉都没有考察自己什么，甚至自己也很纳闷为什么被录用。这种情况下加入，能否胜任只能靠运气了。

面试官需要随时提醒自己，不要把面试变成自己"口若悬河"的机会。理想状态是，2/3以上的时间都是应聘者在说，面试官一边倾听，一边把握好主线，引导并控制应聘者的话题，根据情况展开追问。

追问的四大技巧

如何在面试过程中，避免上述错误，真正实现有效追问呢？我们建议,从以下四个方面有意识地培养追问的技巧。

追问技巧一:关注行为,多问"行动(A)"

行为事件面试法的原理就是用应聘者过去成功的行为来推测其未来能否成功。因此,在追问的过程中,要把重心转向行为。

对行为的追问,其实就是让应聘者"讲故事"。

故事里会有时间、地点、人物、情节、行动和结果等,通过"讲故事"的方式让应聘者详尽描述其所做所为,从而帮助我们更好地获取信息。针对行为的追问,主要着眼于应聘者是"如何做的、是怎么做的",而不是"如何想的、如何判断的、如何认知的"。我们要识别他能否做到,而不是他能否认识到。

大多面试官在面试过程中总想着"确认"应聘者入职后会怎么开展工作,认为这种确认的方式简单直接,所以常会用一些假设场景来提问,如表6-2所示。

表6-2 关注行为的错误问法

序 号	假设性问题举例
1	针对这个问题,你认为应该怎么做
2	在提升部门绩效方面,你打算怎么做
3	当你与上级意见不一致时,你认为该怎么做
4	你认为应该怎么做才能达到那个目标

这些假设性问题,设定的都是假设性的场景,得到的答案自然也是应聘者的假设判断或认知,而不是实际的行为。这些观点性的信息往往来源于他过往看到的、了解到的一些情况,甚至提前做了一些标准答案的准备,而不一定是他做过的。基于这些信息,面试官是无法判断应聘者未来的行为的。因此,我们应该以其过去的实际行为来考察他,如表6-3所示。

表 6-3 关注行为的正确问法

序 号	行为类问题举例
1	针对这个问题，你是怎么做的
2	在提升部门绩效方面，你是怎么做的
3	你是怎么说服你的上级接受你的观点的
4	为达成那个目标，你是怎么做的

一般来说，有关行为的问题需要达到一场面试所有问题的一半以上，才能够收集足够多的信息，帮助我们判断。也就是针对"行动（A）"的问题数量要大于针对"背景（S）""任务（T）""结果（R）"的问题数量的总和。

追问技巧二：考察本人，多问"你"

一个优秀企业中的人才，如果到了一个并不优秀的企业，他的绩效很可能下降，但如果到了一个更强的企业，他很可能会继续发光。

哈佛商学院学者鲍里斯的研究发现，大多数人的才能并不容易移植。大公司人才的绩效更多依赖于流程、平台、产品、伙伴、政治等五个因素，有些人在一种环境中是耀眼的明星，在另一种环境中可能会陨落。所以，在面试过程中，面试官要警惕"光环型"人才——那些有光鲜的职业履历背景的人，当他们夸夸其谈"我们原来的公司是怎么做的"的时候，尤其要警惕。

面试官在问问题的时候，也要尽量避免考察应聘者所在组织是如何做的，这样的问法，获得的信息只能用以判断他所在组织的表现，而非他本人的表现，表 6-4 列举了考察本人行为的错误问法的例子。

表 6-4 考察本人行为的错误问法

序 号	错误问法
1	你们拿下的最大订单是什么
2	遇到紧急情况，你们是怎么处理的

（续）

序号	错误问法
3	面对一个需求不明确的客户，你们是怎么成单的
4	你们公司让客户最满意的项目是什么

面试官要考察的是应聘者本人的能力，而不是他公司和他所在团队的能力。

一方面，面试官在追问的时候，要避免用"你们"，另一方面，当应聘者回答中频繁使用"我们"的时候，面试官要果断澄清，继续追问：

"你在这个过程中发挥的作用是什么？"

"你本人做了哪些有价值的事情？"

"你本人是怎么来推动这个事情开展下去的？"

……

同时也要结合对方回答的信息，判断平台发挥的作用，以更加准确地判断其真实能力，如表 6-5 所示。

表 6-5　考察本人行为的正确问法

序号	正确问法
1	你在这个过程中发挥了什么作用
2	为了解决这个问题，你做了什么事情
3	你是怎么设计这个模型的
4	你是怎么跟客户沟通的，从而最终改变了客户的想法

追问技巧三：讲我所需，勤控场

在一个小时左右的时间内，面试官需要收集足够的信息，以对应聘者做出是否胜任的判断，实际上这是一件颇具挑战性的事情。如果应聘者谈及某话题时，开始滔滔不绝甚至偏离主题，将会严重浪费面试时间，也会降低面试效果。

面试官应该主动打断滔滔不绝者，聚焦到那些与考察的素质项密切相关的行为提问和回答上。面试官要主导整个面试过程的节奏，去关注自己想要听的内容，而不是应聘者自己想表达的，切不可被应聘者"牵着鼻子走"。具体可从如下三方面开展。

第一，不要轻易地向应聘者提出"请介绍一下你的经历"的问题。这样提问时，应聘者一般都会花较多的时间讲他准备好的内容，而这些基本在简历上已经能够了解，难以获取有价值的信息。

第二，面试官要知道何时可以停止追问。面试的重心就是不断排除自己的疑问点，当能够做出应聘者符合或不符合公司素质要求时，就可以停止追问。

第三，针对极端应聘者，采用有针对性的面试方式。对于非常自信或有自负倾向的应聘者，或者面试中感觉这个人"特别"优秀，想立马聘用他，面试官应该保持理智，思考并就应聘者遇到的挫折、挑战、有难度甚至失败的经历来进行提问，以探究其在负面情境下的应对和表现，避免产生误判。对于一开始就让人失望的应聘者，也要提醒自己不要轻易下结论，需要补充挽救式的提问，找出应聘者的优点。比如，追问应聘者超出他人的优点、取得最大的成就或最成功的事例等。这里所遵循的原则是，不轻易放过任何一个潜在人选。

面试官掌控面试节奏，还可以尝试一个"三分钟"技巧。应聘者每次回答问题的时间不要超过三分钟，超过三分钟面试官就要提醒自己，是否在接受应聘者"洗脑"——应聘者在展现自己的优秀，试图让面试官认可自己。如果应聘者不断重复那些面试官已经有判断的信息，应该立即打断，并进一步考察那些仍有疑问或不确定的素质和能力。表6-6列举了"讲我所需"正确问法的例子。

表 6-6 讲我所需的正确问法

序 号	正确问法
1	为了保证业绩大于 50%,你具体是怎么做的
2	为了保证业绩大于 50%,你具体的方法是什么
3	为了保证业绩大于 50%,你解决了哪些问题
4	为了保证业绩大于 50%,你主要克服了哪些困难

一旦发现应聘者开始跑题了,面试官应克服心理障碍,不要过于担心打断对方可能带来的不良面试体验。适当打断方向有偏差的回答,也是一种有效的情境压力测试,借此可以考察应聘者的应变能力。遵循自己的面试逻辑,及时打断,多数时候反而会给应聘者留下面试比较专业的印象。即使偶尔会造成不良体验,也可在面试结束时进行适当解释,以维护雇主品牌形象。

追问技巧四:选择优秀,全过关

我们需要找的是做得好的人,而不仅仅是做过的人。

面试过程中,面试官会倾向于寻找工作经历丰富的人,试图通过工作经历的匹配度来预测其将来的工作行为。殊不知,企业需要找的是具备成功做成某件事情能力的人,而不仅仅是做过某件事情的人。做过的人可能是失败者或仅仅是经历者,并不意味着具有成功经验,那些在成功实践中总结得来的技能或方法才是企业真正需要的,所以,面试官在问行为事例时,要更关注其成功经验,在面试过程中多使用表 6-7 中的有效问法进行提问。

表 6-7 无效问法和有效问法对比

序 号	无效问法	有效问法
1	你有过……的相关经历吗	请分享,在产品研发方面,你所主导取得的最大成就是什么
2	你之前做这件事的时候是什么背景	你在销售方面做出的最大贡献是什么

（续）

序号	无效问法	有效问法
3	你之前整件事是怎么做的	请分享，你在提高招聘准确度方面的成功做法
4	你做完这件事后有什么感受	请分享，你在产品研发方面解决的最大难题是什么

在面试考察的过程中，应聘者不能只是某一个素质项有成功经验，而是要所有素质项都有成功经验，只有人才画像中冰山下的条件全部符合才能算是优秀的。

追问行为的关键句式

STAR追问中对"行动（A）"的追问最重要。我们总结了追问行为的关键公式。即

$$关键句式 = 关键行为 + 预期效果$$

要追问应聘者具体采取了哪些行动及达到预期效果的成功经验，如表6-8所示。

表6-8 追问行为的关键句式示例

素质考察项	追问行为的关键句式
说服影响	你的哪句话才是最打动他的
坚韧抗压	你做出的努力中，哪些行动帮你走出了低谷
学习成长	在你以往的学习成长中，哪些学习行动取得的效果最好
团队协作	你的哪些行动，促成了你与团队的成功协作
风险管控	你采取的哪些措施，成功帮助公司规避了风险
组织推动	你是如何成功推进这项变革顺利完成的
情绪管理	你是如何调整自己，让自己不再那么容易生气的
灵活应变	你具体做了什么，让你成功应对这起突发事件的
……	……

用性格测评防止过度主观

在面试过程中,即使有意识地去使用 STAR 面试法,因为面试官掌握和运用程度不够,在判断的精准度上仍有提升空间。因此,可以采用基于大五人格的性格测评来辅助判断,并作为面试过程中的提问参考,进一步提高判断的准确度。

在实践中,性格测评工具的使用常会走向两个极端:一是认为测评犹如算命,不可信;二是认为测评近乎神器,是万能的。

这两种观点都是片面的。人才性格测评的原理,是依据个人行为倾向的测评,推导其实际行为表现,为我们在人才识别、任务分配、岗位选择、团队建设等方面提供参考。因此,对于性格测评结果,既不能一概否定,也不可盲目全盘接受。要让测评结果为我所用,避免成为测评的奴隶。

性格测评结果体现的是应聘者的自我认知,基于面试中提问与追问的评价是面试官的判断,两者可以相互佐证,形成测评佐证矩阵(见图 6-1),帮助面试官做出更准确的判断。

图 6-1 测评佐证矩阵

性格测评分值反映的是个体在各素质维度的倾向性,没有好坏之分。

外倾性分值高的人不一定就比外倾性分值低的人表现更好，亲和性低的人也未必就不好，关键是要看性格特质与岗位特性的匹配程度。同理心高的人适合做 HR、客服等岗位，而同理心低的人在质量、合规、采购、审计等岗位更容易产生高业绩。因此，我们更愿意用匹配度来表示分值与岗位的正相关度，无论其分值处于什么状态，针对岗位要求来说，哪怕分值低至"零"，只要是正相关的，我们就认为匹配度为"高"。

面试评价高，测评分值匹配度高

面试官基于应聘者的行为表现，判断其在岗位对应素质项上评分较高，而测评结果显示，应聘者在此素质项所对应的几个性格特质维度分值也比较高，那么可以增强面试官判断应聘者与素质项要求相匹配的信心。

面试评价低，测评分值匹配度低

面试官基于应聘者在素质项上的行为表现，判断其在该素质项上表现较差，同时测评结果显示应聘者在此素质项所对应的几个子维度分值也比较低，那么可以增强面试官判断应聘者与素质项要求不相匹配的信心。

面试评价高，测评分值匹配度低

如果面试官基于面试的评价较高，而测评分值却较低，此时不能匆忙依据自己的评价做决定，而需要再验证，通过不同的维度设计问题，挖掘应聘者的真实情况。经过反复多维度提问、追问验证后，仍然确认应聘者在岗位素质上表现较好，那么可以判断应聘者是匹配的。如果仅以测评分值为依据进行判断，就会错失优秀人才。

面试评价低，测评分值匹配度高

如果面试官的评价较低，而测评分值较高，也不能匆忙依据自己的评价做判断，而是要进行挽救式追加提问。

可能是追问得不够彻底，应聘者未能充分展现，或者判断出现了误差，挽救式提问可以将之前的问题再过一遍，也可以重新进行提问，重点是验证性格测评与面试评价不一致的地方。如果经过再次面试验证，仍然判断应聘者不具备该素质项，就以面试结果为主要依据，判断应聘者是不匹配的。

面试过程中借助性格测评工具相互验证，能帮助面试官有效判断应聘者的素质项与岗位的匹配度，既可以避免错失人才，又可以防止错信人才，能够大大提升选人的精准度。

人才画像描绘标准，精准提问锁定考察方向，深度追问挖掘真相，性格测评佐证判断。四者结合就构成了精准选人的能力基础，也为面试官培养提供了方向。

■ **关键发现**

- STAR 面试法是帮助面试官识真伪、辨高低的有效手段。
- 追问不能漫无目的，而要基于岗位的人才画像来进行。
- 追问行为的关键句式＝关键行为＋期望结果。
- 性格测评工具可以防止我们过度主观。

Talent Portrait

第 7 章

成为金牌面试官

如果你舍不得花时间和精力来招贤纳士，
那么你将来在管理上碰到的困难
会花去你更多的时间。
——杰克·韦尔奇

精准选人，企业需要具备人才吸引能力、人才定义能力和人才甄别能力。

人才吸引能力解决的是人才来源的问题，让企业吸引到企业所需要的人才，可采用包括雇主品牌建设、招聘渠道搭建和人才供应链的打造等方法。人才定义能力解决的是人才标准的问题，即人才画像。人才画像可以帮助企业明确用人标准。人才甄别能力解决的是人才识别的问题，让企业能够对人才识真伪、辨高低，甄别出合适的人才。

这三大能力的提升都离不开面试官的参与，面试官更是人才甄别的主体。拥有领先的选人理念、掌握人才画像工具并熟练运用精准选人技能的面试官，我们称之为金牌面试官，公司的各级管理者都应成为金牌面试官，企业更要打造自己的金牌面试官队伍。

不专业的面试官正在毁掉你的招聘

金牌面试官能够帮助企业大幅提升人才选择精准度，不专业的面试官会极大降低面试的效率，让企业招聘到不合适的人的概率大增。

招聘就像找相伴的爱人，找到一个合适的人很难，但找到一个错的人代价更大。《聘谁》一书中提到："如果招聘到不合适的人，公司就要付出相当于该员工 15 倍薪水的代价。"

一次错误的招聘给公司带来的损失包括直接损失、间接损失和机会损失。直接损失包括招聘成本、工资、五险一金等；间接损失包括效率、产品质量、订单交付等方面的损失；机会损失，是因聘用不合适员工而错失使用优秀人才机会产生的成本，这部分成本往往最大，又最容易被忽视。图 7-1 对招错人的成本构成从直接损失、间接损失和机会损失三个方面进行了列举。

直接损失	人工成本：招聘成本（广告、猎头等）、工资、保险、公积金、福利、培训、补偿金
间接损失	间接成本：效率、产品质量、订单交付、客户损失
机会损失	机会成本：由于使用业绩差的员工而失去使用优秀员工的损失（最优秀员工：最差员工 = 4~127 倍）

图 7-1　招错人的成本构成

无论是在公开课还是在企业内，每次我们的精准选人培训现场，学员计算招错一个核心岗位人员所带来的损失后，都会被自己算出来的数字震惊到，"不算不知道，一算吓一跳"。

在一家电子产品生产企业，准面试官们计算了他们招聘量较大的两个岗位错招产生的成本。其中，他们招错 1 名研发人员，用了三个月，损失达到 33.48 万元（见表 7-1），招错了 1 名渠道经理，用了一年时间，损失为 162.34 万元（见表 7-2）。仅这两笔损失，就占到公司一年利润的 10%。

表 7-1 招错研发人员的损失计算　　　　　（单位：万元）

项　目	金　额
直接成本 =0.22+3×（1.2+0.48+0.05）+0.2+1.2=6.81	
招聘成本（一次性）	0.22
工资（三个月）	1.2 /月
五险一金（三个月）	0.48 /月
培训（一次性）	0.2
福利（三个月）	0.05 /月
离职补偿（一次性）	1.2
间接成本 =1.67+10+0+0+15=26.67	
效率	1.67
产品质量	10
客户损失	0
订单交付损失	0
机会成本	3×5=15
总计（三个月）	33.48

表 7-2 招错渠道经理的损失计算　　　　　（单位：万元）

项　目	金　额
直接成本 =0.2+12×（1+0.4+0.12+0.2）=20.84	
招聘成本（一次性）	0.2
工资	1.00 /月
五险一金	0.40 /月
福利	0.12 /月
培训	0.20 /月
离职补偿（一次性）	0

（续）

项　目	金　额
间接成本 =1.5+10+30+100=141.5	
效率	1.5
产品质量	0
客户损失	10
订单交付损失	30
机会成本	100
总计（一年）	162.34

在《合伙人》一书中，费洛迪曾提到："最优面试官的预测有效性是最差面试官的十倍。"企业的面试官就是企业人才的"质检员"，掌控着企业人才的入口。在很多企业中普遍存在这样的现象：大量不具备选人能力的直线经理承担着选人的重任，而这些不专业的面试官正在毁掉你的招聘。

面试是一项技术活儿，要把人看准看透非常难。我们从事面试实践与研究工作十多年，为很多行业标杆企业提供过包括面试在内的咨询服务，面试了上千位中高层管理者和上万名员工。虽"身经百战"，仍难免失误，也曾经招到过不合适的人，有过惨痛的教训，更何况那些从未接受过专业训练的面试官。

面试官是应聘者与企业接触的第一个重要接触点，应聘者从面试官那里开始直接了解企业。从这个角度来讲，面试官是雇主品牌的代表，面试官的一言一行都决定着应聘者对企业的最初认知，也就决定了企业能否吸引优秀人才加入。不专业的面试官带来的不仅有错误招聘的损失，而且还会让应聘者产生不好的面试体验，损害公司的形象。

"大多数公司用 2% 的精力招聘，却用 75% 的精力应对错误招聘带来的后果。"费洛迪用这样的数字对比来提醒企业，不要再容忍不专业的面试官带来的损失。

金牌面试官需要专门培养

奈飞公司将面试提升到了真正的战略高度，"面试的重要性高于用人经理预订的任何会议，参加面试是高管会议的与会者缺席或提前离开会议的唯一理由"。

面试是招聘的核心环节，很多企业已经可以做到对面试的重视与投入，但对面试官的培养还没有给予足够的重视。那些正在参与面试的管理者，多数没有经过任何训练，都在用自己摸索出的土办法在面试、判断，招聘错误发生就不可避免了。

企业要提升精准选人的能力，就必须打造自己的金牌面试官队伍。

精准选人不是知识而是能力

知识可以通过阅读或上课等方式获得，金牌面试官的面试技能与人才评估技能的提升，除了掌握先进的理念、工具和方法之外，还需要进行持续的实战训练。

龙湖地产对不同面试官参与面试的次数会有相应的要求。初试官每半年不少于20人次，复试官每年不少于20人次，而且后一轮面试通过率低于30%的面试官将会被取消资格。这种严格的量化管理，推动了面试官不断学习实践、持续提升面试能力，从而确保了面试质量和选人准确性。

金牌面试官需要专门的训练

经过大量的研究与实战验证，我们总结了金牌面试官培养方法。

首先，找到候选金牌面试官。作为选人的主体，企业内所有条线的直线经理都应成为金牌面试官。面试技能的掌握需要拥有先人后事的理念、极强的理解力与人际敏感度，企业应该选拔真正具备识人用人素质的人成为管理者，否则，就应该在管理者中选拔真正有潜力的人接受金牌面试官培养与认证。

其次,学习先进的精准选人理念,掌握精准选人的工具和方法。金牌面试官应该把人才选择作为第一优先级任务,愿意投入更多的精力在人才选择上。金牌面试官必须掌握精准的面试技能。没有驾照的人开车上路是危险的,不具备选人能力的人去选人也是危险的。《精准选人:提升企业利润的关键》一书中的精准选人体系,是成为金牌面试官需要掌握的基本方法。

再次,学会使用人才画像卡。人才画像卡是招聘面试的基本工具,招聘从构建人才画像卡开始。成为金牌面试官,一方面需要学会人才画像卡的制作,掌握构建冰山上与冰山下条件的方法;另一方面,需要掌握精准提问的技巧。

最后,开展金牌面试官认证。让管理者成为金牌面试官,可以通过以下五个步骤完成。

第一步:接受并完成金牌面试官培训。

第二步:参加面试(初试或复试)旁听至少五次,学习面试技巧,练习通过提问考核应聘者素质项的技能。

第三步:参与辅助面试四次,通过不断实践和总结,获得可以主导整个面试过程的能力。

第四步:作为主面试官主导三次正式面试。

第五步:正式认证。金牌面试官认证小组(至少两人)现场对候选金牌面试官从发问能力、追问能力、控场能力及对应聘者的判断能力四个维度进行评估(金牌面试官认证评价表如表7-3所示),最终依据小组意见形成认证结果。

如果两次认证都未能通过,说明面试官在面试技巧、工具运用、行为判断等方面还需经过一定时间的实践与提升,建议后续加大练习力度,半年后重新申请认证。

表 7-3　金牌面试官认证评价表

评估维度	行为评估标准	描 述	评 分
发问能力（30%）	能够精准依据素质项进行清晰的发问，熟练使用行为事件问题，能避免不恰当的情景假设性问题和封闭式问题	1. 面试过程中，根据人才画像提问的准确性（2分） □准确（2分） □部分准确（1分） □不准确（0分） 2. 是否出现封闭式问题、假设性问题、引导式问题、歧视性问题（3分） □0个（3分） □1~2个（2分） □3~5个（1分） □5个以上（0分）	
追问能力（40%）	熟练运用STAR面试方法，追问有系统、有逻辑，能够把握好追问深度，能够挖掘到应聘者真实有价值的行为信息，并能进行客观的有效评估，以做出是否录用的决策	1. 是否能够结合应聘者信息进行深度追问（1分） □是（1分） □否（0分） 2. 是否有完整的STAR面试方法（4分） □完整追问（4分） □基本完整（3分） □有1个缺少项（2分） □有2缺少项（1分） □有2个以上缺少项（0分）	
控场能力（20%）	面试时间及面试氛围掌控良好，展现出亲和力、严谨性和职业性，体现公司的文化特点	1. 面试流程的标准性（1分） □符合标准（1分） □部分符合（0.5分） □不符合标准（0分）	
		2. 面试过程的亲和力、严谨性和职业性（1分） □符合标准（1分） □部分符合（0.5分） □不符合标准（0分）	
		3. 时间掌控性（2分） （1）整体时间： □良好（1分） □一般（0.5分） □过长或过短（0分） （2）面试官提问与倾听时间分配 □良好（1分） □一般（0.5分） □提问过长或过短（0分）	
		4. 面试官是否存在倾向性、引导性和判断性反馈（1分） □0~1次（1分） □2~3次（0.5分） □3次以上（0分）	

（续）

评估维度	行为评估标准	描述	评分
对应聘者的判断能力（10%）	面试官结合面试中获取的信息对应聘者能够做出有依据、专业性的判断	1. 面试信息收集全面性、准确性（2分） □全面而准确（2分） □收集信息不准确（1.5分） □收集信息不全面（1分） □不准确且不全面（0分） 2. 对应聘者判断的准确性（3分） □非常准确（3分） □准确但靠经验（2分） □部分准确（1分） □不准确（0分）	
合计（综合得分3分以上通过）			

通过培训、实战辅导和资格管理，一名直线经理才可能被培养成一名合格的面试官。即使通过了金牌面试官认证，直线经理也要不断学习与实践。最高效的方法就是与资深的金牌面试官一起面试，向他们学习，及时获得反馈，提高面试技能。如果缺乏其他人的建议，即使面试实践再多，面试中暴露的问题也不能第一时间得到反馈，面试能力很难得到快速提升。我们在金牌面试官培养中，会对面试中的言谈举止、表情和礼仪等细节进行辅导。通过不断实践、持续学习与定期总结，面试官才能在识人选人上更精准、更高效。

企业内如有成熟的招聘团队且拥有具备金牌面试官资格的人群，可以由企业HR或招聘委员会来确定认证小组成员。如果还没有成熟的面试官团队，建议在初始认证阶段由第三方咨询机构予以辅导与认证。

拿起人才画像卡，放下岗位说明书

成为金牌面试官，第一个转变就是找到真正有威力的武器——人才画像，放下岗位说明书。

在企业发布的招聘信息中，往往将岗位说明书搬上去，目的是让应聘者了解在岗位上需要完成哪些工作。在面试中，很多面试官也以岗位说明书作为选人标准，使得选人的标准不够明确和精准。岗位说明书描述的是岗位职责与内容，表明企业期望这个岗位上的员工做什么，而对这个岗位需要什么样素质的人没有明确说明。岗位说明书更多关注冰山上的学历、经验、知识技能，对冰山下的素质要求过度简化或未提及。基于岗位说明书的招聘信息如图 7-2 所示。

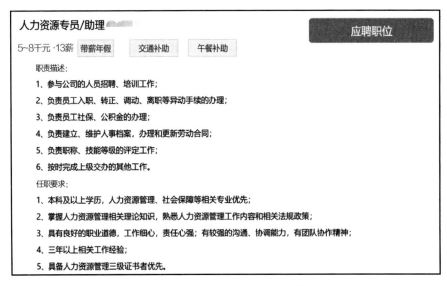

图 7-2　基于岗位说明书的招聘信息

在上面这个招聘信息中，用了大量的篇幅展示了人力资源专员的职责，对冰山下的责任心、沟通协调能力、团队协作精神，却全部放在一句话中。其具体的衡量标准，也语焉不详。

人才画像卡不仅明确了岗位所需要的冰山上的门槛标准，也针对冰山下的素质提出要求，是岗位所需的冰山上和冰山下各类能力与素质要求的集合。同时，针对冰山下素质的考察，人才画像卡还会呈现面试的提问话术，指导面试官精准提问（见表 7-4）。

表 7-4 人才画像卡

岗位名称	营销总监	
冰山上（学历、经验、技能）	三年以上营销团队管理经验	
冰山下（价值观、素质、潜力、动机、个性）	考察项	精准提问话术
	先公后私	1. 请分享，面对个人利益与组织利益发生冲突，你成功处理的事例
		2. 请分享，遇到别人做出损害公司利益的事情，你正确处理的事例
		3. 请分享，你曾经为了完成工作目标而做出的最大个人牺牲的事例
	成就动机	1. 请分享，相比周围的人，你设定了更高的目标并达成的事例
		2. 请分享，你设定了最有挑战性的目标，并通过努力达成的事例
		3. 请分享，你设定了别人觉得不可能实现的目标，为之付出巨大努力的事例
	坚韧抗压	1. 请分享，面对一项巨大的挫折，你成功应对的事例
		2. 请分享，面对一段长期困境，你成功走出的事例
		3. 请分享，大多数人都没有坚持住，但你依然坚持的事例
	说服影响	1. 请分享，你成功说服他人接受产品/方案，给公司带来巨大收益的事例
		2. 请分享，与上级观点/做法有分歧时，你成功说服上级的事例
		3. 请分享，面对存在较大分歧的两方，你成功说服他们达成共识的事例

人才画像是招聘的起点，如果我们都不知道要招聘人才的标准，那么我们招聘到合适人才的概率将难以保证。

素质判断四大方法

金牌面试官基于人才画像完成精准提问和深度追问后，需要根据获取到的面试信息进行素质判断。成为金牌面试官，都要掌握基于素质做出精准判断的四大方法。

区分素质高中低

冰山上的信息较容易评判,精准判断素质与岗位的匹配度是区分金牌面试官与普通面试官的重要标志。

通过精准提问和深度追问,挖掘出应聘者待考察素质项的行为信息,金牌面试官可以依据这些信息做出精准判断。借助面试评价对照表(见表 7-5),面试官可以收集、整理、清晰展示用于做判断的信息。

表 7-5　面试评价对照表

岗位名称				
冰山上	考察项		不符合	符合
冰山下	考察项	精准提问话术	低	中	高

冰山上的学历、经验和知识技能等要求应完全符合。因为冰山上的考察项为门槛条件,有一项不符合都不能进入面试环节。

冰山下的素质项应完全过关。完全过关是指所有的素质中至少有一项为"高",其他均为"中"及以上,出现任一项"低"都不是完全过关。素质高中低区分标准如表 7-6 所示。

表 7-6　素质高中低区分标准

素质水平	参考标准
高	该项素质高于团队的平均水平,和团队当中该项能力最强的人相比也不逊色,能显著提高团队在该项能力的水平
中	该项素质和团队的平均水平不相上下,不会降低团队在该项能力的水平
低	该项素质低于团队的平均水平,会降低团队在该项能力的水平

各项素质项高中低评价完成后，可依据素质评价组合表（见表7-7）判断是否通过。以下为三项素质的评价组合示例，如果素质考察项超过三项，原则不变，以此类推。

表 7-7 素质评价组合表

素质评价组合	是否通过
高高高	通过
高高中	通过
高中中	通过
高中低	不通过
中中中	不通过
中中低	不通过
中低低	不通过
低低低	不通过

把握底线标准

把握底线标准，是指企业每次引进新的人员，在符合考察要求的基础上，还要确保至少比现有同级20%的人员优秀，关键岗位要不低于现有同级50%人员的水平，这样才能保障团队整体水平是处于不断上升的（见图7-3）。

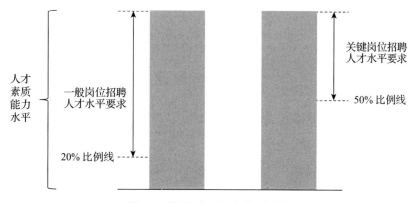

图 7-3 新进员工能力水平示例

金牌面试官要具备选择比自己优秀的人才的境界,以提升人员整体质量。

用好直觉验证

科学的结构化面试,基于人才画像进行精准提问,通过深度追问获取应聘者真实的行为信息,对应聘者进行判断,并借助性格测评工具进行佐证。

当面试技能不足或信息不充分时,面试官常会出现无法判断或过度依赖经验判断的现象。通过经验或者基于直觉进行判断,本身并没有问题,但如果没有紧密结合人才画像或者标准过于散乱,判断难以精准。直觉验证十问(见表7-8),可以让面试官的直觉验证更加结构化、精准化。

表 7-8 直觉验证十问

问题	是	否
1. 在直觉上,我能相信此应聘者说的话吗		
2. 把重要任务交给此应聘者去办,我能放心吗		
3. 此应聘者如果没有优秀企业的光鲜经历,我还会选择他吗		
4. 如果有更多的应聘者,我现在是否会选择他		
5. 此应聘者至少比我们现有团队的20%的人优秀吗		
6. 此应聘者如果应聘我们竞争对手公司,对我们公司会有影响吗		
7. 我能从此应聘者这里学到我现有不足的技能吗		
8. 此应聘者在未来是否能够达到公司的晋升标准		
9. 如果其他面试官不同意,我还会用他/她吗		
10. 如果我不用他,会后悔吗		

上述十个问题中，如果有七个及以上答案为"是"，则可以判断"通过"；如果仅有六个或以下答案为"是"，可以考虑再做进一步的验证或者直接放弃。

直觉验证可以弥补结构化面试的不足，大大提升面试准确性。但直觉验证应基于科学的结构化面试，不能完全"凭感觉"。

对难做判断的加试

面试中，对表现优秀或较差的应聘者，做面试决策时相对容易，各位面试官也较易达成一致。但是也存在因为受到多种因素的限制与干扰，难以清晰地做出判断或者面试官出现判断不一致的情况。

在这种情况下，我们的建议是进行加试，通过加试更加充分地了解应聘者，或者让其他面试官参与评估，帮助判断。表7-9就面试中的争议情形和处理方式一一对应做了列举。

表 7-9　面试中疑问处理方式

争议情形	处理方式
专业技能有疑问	加试专业技能考试或实操测试
结构思维有疑问	撰写文章或就某个主题进行分析，并形成书面演示文件
其他素质项或价值观有疑问	资深管理者、面试官加试
对学历、过往表现、业绩等有疑问	做背景调查
文化融入度有疑问	通过邀请参加公司活动或会议再考察

通过加试，依然无法做出明确判断，或存在较大争议的，我们建议放弃。或者，多个面试官录用意见无法达成一致，由参与面试人员中职务最高且面试经验较为丰富的面试官最终决定。

做好选人决策

选人决策是面试的最后一个环节,每名金牌面试官都应具备选人决策能力,并能够作为主面试官统一决策意见。面试结束后做出选人决策时,可遵循结构化的流程,让决策更加科学与精准。

第一步,各位面试官按照职务由低到高依次发表面试决策意见,每位面试官只需说"通过"或"不通过"即可。

所有面试官都表达完面试决策意见后,如果所有的面试官表达的意见一致,则面试决策讨论结束。决策是本轮面试的应聘者"通过"或"不通过"。

如果表达的意见不一致,则面试决策讨论进入第二步。

第二步,由各位面试官分别阐述通过或不通过的理由。一般由持少数意见的面试官先阐述,如果这时该部分面试官改变主意,同意多数面试官的意见,则视作意见一致,面试决策讨论结束。该面试官表达完个人想法后,由其他面试官依次说明自己的面试决策理由。所有面试官都表达完面试决策意见后,由主面试官组织面试官依次重新发表面试决策意见。如果意见一致,则面试决策讨论结束。

如果第二次意见仍然不一致,面试决策讨论也结束,原则上根据"少数服从多数"原则确定本轮面试应聘者"通过"或"不通过"。

如果此时仍有强烈反对的意见出现,则由现场职务最高的面试官做出最终判断,确定"通过"或"不通过"。

如果为最后一轮,亦可安排加试,然后再做判断,选人决策流程如图 7-4 所示。

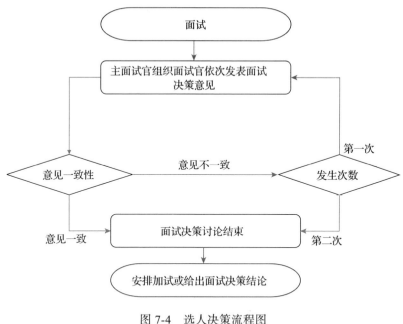

图 7-4　选人决策流程图

一次减损千万元的金牌面试官培养

A 公司是一家国内领先的房产销售公司,其中某城市分公司的店面超过 300 家,人数 4000 人,随着业绩以每年 50% 以上的速度增长,其人才需求也日益增加。

为完成招聘任务,公司配备了十几人的招聘团队,投入了几十万元用于网络招聘与推广。由于公司品牌和待遇良好,吸引了大批的应聘者,每年收到的简历数接近十万份。由于区域公司初选做不到有效把关,总部月均复试人数高达 2700 人次,不仅投入精力多,而且试用期通过率不到 40%,每季度员工流失上千人。有人可选但不能精准高效选人成为制约 A 公司业务发展的瓶颈。

我们通过调研、访谈、参与现场真实面试后,发现 A 公司选人能力不足,主要存在以下四个问题。

（1）没有人才画像，区域公司与总部的面试标准不一致。

（2）各级管理层没有掌握面试技巧，面试变成了闲聊，选人随意。

（3）因面试量大，面试时间太短，人均初试15分钟，复试3分钟。

（4）报到率低，入职培训后流失率高，选到的人无法满足工作要求。

针对以上问题，A公司接受了精准选人辅导，从人才标准到面试技巧做了根本性改善。

第一步，建立精准的人才画像，统一总部与大区的人才标准。通过对30名绩优和绩差人员进行对比分析和胜任素质研讨，确定了各岗位冰山上和冰山下应具备的要求，并基于冰山下素质要求，建立公司内各岗位人才画像的面试题库，明确了房产经纪人的人才画像（见表7-10），为面试官精准发问提供依据。

表7-10 A公司房产经纪人人才画像卡示例

岗位名称	房产经纪人		
冰山上	1.学历：大专及以上学历 2.形象：阳光		
冰山下	考察项	精准提问话术	
	诚信正直	1.请分享，你纠正或阻止他人违反规则的事例	
		2.请分享，你遇到阻碍和困难依然兑现承诺的事例	
		3.请分享，面对诱惑，你依然坚守规则的事例	
	坚韧抗压	1.请分享，面对一项巨大的挫折，你成功应对的事例	
		2.请分享，面对一段长期困境，你成功走出的事例	
		3.请分享，大多数人都没有坚持住，但你依然坚持的事例	
	责任担当	1.请分享，不是你的职责，你承担并完成的事例	
		2.请分享，别人不愿承担的工作，你主动承担并完成的事例	
		3.请分享，你承受巨大委屈或误解，依然出色完成任务的事例	

（续）

岗位名称		房产经纪人
冰山下	人际敏锐	1. 请分享，你发现别人的潜在需求并主动提供帮助的事例
		2. 请分享，你比别人更早觉察他人需求或情绪变化，并有效应对的事例
		3. 请分享，你觉察到组织当中不和谐的关系氛围，并及时处理的事例
	目标导向	1. 请分享，你比别人更清晰地理解和把握目标，组织资源和力量实现目标的事例
		2. 请分享，你克服困难或抵制诱惑，坚定目标并达成的事例
		3. 请分享，你从最终目标出发，灵活调整策略达成目标结果的事例

第二步，优化招聘流程，从操作流程方面保障面试更加精准高效。由个人面试转变为多人面试，取消无效环节，让面试更具针对性，如图 7-5 所示。

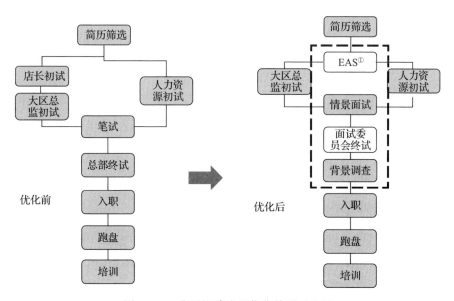

图 7-5　A 公司招聘流程优化前后对比图

① EAS 指经验与成就调查表，让候选人提前填写，为后续面试提供信息。

第三步，面试官培训，提升面试选人能力。针对 A 公司所有面试官进行领先的精准选人理念、人才画像使用、精准提问及深度追问技巧和招聘流程等培训，并通过情景演练和实战辅导等，提升面试官选人能力。

第四步，金牌面试官认证，让具备精准选人能力的人员担任面试官。定期组织开展符合实战演练要求的面试官参与金牌面试官认证，首轮有30%的面试官通过认证，经过跟踪辅导，第二轮有70%的面试官通过认证成为金牌面试官。经过系统的培训和实战训练辅导，应用规范面试流程和行为面试方法，通过认证的金牌面试官大大提高了面试实战能力和精准选人能力，能够独立思考面试评估建议和进行用人决策。

第五步，面试官资格管理。制定详细的面试官资格管理规定，包括金牌面试官的评估和评比机制，以确保面试官面试的质量及可持续性。

A公司对通过认证的面试官授予金牌面试官证书，纳入金牌面试官库进行管理。要求每位金牌面试官每半年参与面试次数不少于20次，半年度内部招聘技能和经验分享不低于两小时，并对金牌面试官初试通过的应聘者的复试通过率进行评估，对于半年内复试通过率低于50%的金牌面试官，取消资格。对于推荐应聘者复试通过率达到90%和试用期通过率排名前三的金牌面试官，授予优秀面试官称号，授予录用决定权，并在奖励与晋升等方面优先考虑。

A公司通过精准选人咨询辅导项目，打造了一支金牌面试官队伍，公司的选人能力得到了大幅提升。其中，房地产经纪人推荐总部复试的比例下降到20%，降低了总部的招聘精力投入，经过认证的金牌面试官推荐的应聘者复试通过率提升了17%，而且经过训练的普通面试官的复试通过率也得到了一定程度的提升。经过精准选人辅导后，新聘的房产经纪人的试用期通过率由30%提高到70%，如图7-6所示。

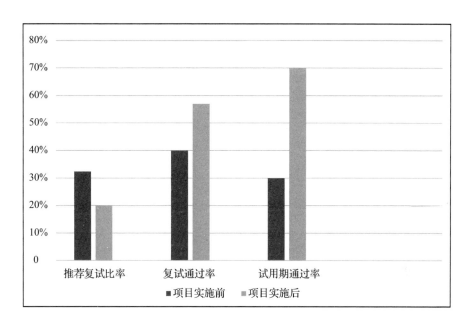

图 7-6 项目实施前后效果对比图

房产经纪人月度人均工资为 1 万元,试用期 3 个月,以 2017 年招聘总人数 4000 人计,则 A 公司一年招聘损失 = 总招聘人数 × 试用期未通过率 × 试用期人均工资 = 4000×(1-30%)×3 万 = 8400 万元。试用期通过率提升 70% 后,A 公司一年招聘损失 = 总招聘人数 × 试用期未通过率 × 试用期人均工资 = 4000×(1-70%)×3 万 = 3600 万元。通过精准选人辅导,A 公司直接招聘损失减少 4800 万元。

假设高绩效房产经纪人的业绩是未通过试用期的经纪人业绩的 3 倍,一个高绩效房地产经纪人年度业绩产出是 60 万元,假设把未通过试用期的经纪人替换为招聘的 1/3 高绩效房产经纪人,则损失机会成本 = 4000×1/3×70%×40 万 = 3.73 亿元。同时,假设招聘到一名不合适的房地产经纪人,对公司品牌、客户满意度带来巨大的潜在损失。项目实施前后成本对比如表 7-11 所示。

表 7-11 项目实施前后成本对比

类　型	项目实施前	项目实施后	成本节约
试用期未通过损失	8400 万元	3600 万元	4800 万元
机会成本	3.73 亿元	1.6 亿元	2.13 亿元

管理者都要成为金牌面试官

不要将选人机会让与他人

美国企业家拉里·博西迪和著名管理咨询大师拉姆·查兰说过："将合适的人才安排到合适的岗位是任何一位领导者都不应委托他人进行的工作。"

作为精准选人主体的所有管理者，需要重视并积极参与人才招聘工作，而不能完全依赖人力资源部门。一方面，直线经理对应聘岗位未来的工作职责和应聘者所需要具备的素质了解最为深刻，直线经理对应聘者到底合不合适更有话语权；另一方面，直线经理作为用人部门负责人、应聘者未来的直接上级，在能不能使用、能不能用好的判断上负有直接责任。

所有条线的直线经理都应成为金牌面试官，这是作为管理者的一项基础能力。企业家也要成为金牌面试官。全球顶级的猎头公司亿康先达的资深专家费洛迪在《关键人才决策：如何成功搜猎高管》一书中写道："虽然在许多组织中，有些人（包括 HR 管理者）在选人方面比其他人更有经验，但领导者必须亲自参与这些决策工作。正如你不会把选择配偶的事托付他人那样，你也不应该将重大的人才决策委托给别人来进行。"

很多公司的 CEO 会亲自参与面试，韦尔奇、乔布斯等知名企业家更是这方面的榜样。雷军在创办小米公司的时候，每天将一半以上的时间用来招人，前 100 名员工入职时雷军都会亲自参与面试。企业家需要重视人才选择，在选人上投入时间与精力，像农夫挑选种子一样去选择人才，而且企业家还要不断提升自己的人才甄别能力，让自己成为公司的首席面试官。越是企业关键人员和层级高的岗位，企业家越要花时间找人，亲自参与面试，为企业挑选到属于自己的"超级杂交水稻种子"。

成为最高境界的面试官

很多面试官，尤其是企业领导者，有着自己识人的独门绝技。他们非常相信自己的判断能力，认为自己见多识广、阅人无数，只要自己看一下，就能做出准确判断。不可否认，很多面试官的确有独到的直觉判断，但是这些丰富的识人经验是不易复制与沉淀的，运用范围有限，而且随着企业的发展，这些经验会逐渐被稀释。

有研究表明，最好的面试官预测的有效性是最差的面试官的十倍。

具备丰富选人经验的面试官，如果再掌握人才画像工具，以及行为面试的精准提问和深度追问技巧，运用性格测评工具加以佐证，在理性判断的基础上，以优秀的选人经验辅助判断，则会更大程度地提升选人的精准度。如此先理性后感性的选人，我们称之为最高境界的精准选人，能够将理性与感性完美结合的面试官，应是最高境界的面试官。

■ 关键发现

- 企业需要培养自己的金牌面试官队伍。
- 拿起人才画像卡，放下岗位说明书。
- 素质判断的四大方法。
- 管理者都要成为金牌面试官，企业家要成为首席面试官。
- 最高境界的精准选人是在精准选人体系基础上的选人。

参考文献

[1] 博克. 重新定义团队 [M]. 宋伟, 译. 北京: 中信出版社, 2019.

[2] 黄志伟. 华为人力资源管理 [M]. 苏州: 古吴轩出版社, 2017.

[3] 索沃内推. 不限专业背景的四大, 为什么录取率仅有5%? [Z/OL]. (2020-05-18)[2021-07-19]. https://zhuanlan.zhihu.com/p/141858268.

[4] MCCLELLAND C D. Testing for competence rather than intelligence[J]. American Psychologist, 1973, 28: 1-14.

[5] 德鲁克. 21世纪的管理挑战 [M]. 朱雁斌, 译. 北京: 机械工业出版社, 2018.

[6] 卡茨. 高效管理者的三大技能 [J]. 哈佛商业评论, 1955(1): 33-42.

[7] 百度文库. 经典行为面试题目 [Z/OL]. (2020-02-24)[2021-07-19]. https://wenku.baidu.com/view/1da01521ea7101f69e3143323968011ca200f75d.html.

[8] 田效勋, 柯学民, 张登印. 过去预测未来: 行为面试法 [M]. 2版. 北京: 中国轻工业出版社, 2012.

[9] 李祖滨, 刘玖锋. 精准选人: 提升企业利润的关键 [M]. 北京: 电子工业出版社, 2018.

[10] 曾双喜. 超级面试官: 快速提升识人技能的面试实战手册 [M]. 北京: 人民邮电出版社, 2020.

[11] 斯玛特, 斯特里特. 聘谁: 用A级招聘法找到最合适的人 [M]. 任月园, 译. 深圳: 海天出版社, 2009.

[12] 费罗迪. 关键人才决策: 如何成功搜猎高管 [M]. 徐圣宇, 康至军, 译. 北京: 机械工业出版社, 2014.

[13] 搜狐. 年后招人第一波: 如何选好渠道, 迎接招聘春天 [Z/OL]. (2018-02-26)[2021-07-19]. https://www.sohu.com/a/224217656_780681.

[14] 刘慧, 牛尚. 雇主品牌: 企业人力战略的新王牌 [N]. 经济观点报, 2005-12-01.

［15］个人图书馆. 男女搭配干活不累有什么科学依据吗？[Z/OL].（2013-04-18)[2021-07-19]. http://www.360doc.com/content/13/0418/20/11209859_279303829.shtml.

［16］知乎. BAT 等国内互联网公司内部推荐 [Z/OL].（2020-02-29）[2021-07-19]. https://zhuanlan.zhihu.com/p/23098274.

［17］崔红，王登峰. 西方"大五"人格结构模型的建立和适用性分析 [J]. 心理科学，2004（03）.

［18］刘继亮，孔克勤. 人格特质研究的新进展 [J]. 心理科学，2001（03）.

［19］霍华德 P，霍华德 J. 职场大五手册：解密人格心理学在工作中应用的全球最佳实践 [M]. 顾朝阳，译. 北京：电子工业出版社，2016.

德锐咨询
人才领先战略系列丛书

ISBN	书名	作者
978-7-111-62897-2	重构绩效：用团队绩效塑造组织能力	李祖滨 胡士强 陈琪
978-7-111-64298-5	找对首席人才官：企业家打造组织能力的关键	李祖滨 刘玖峰
978-7-111-65619-7	人才盘点：盘出人效和利润	李祖滨 汤鹏 李锐
978-7-111-66986-9	人效冠军：高质量增长的先锋	李祖滨 汤鹏
978-7-111-68974-4	人才画像：让招聘准确率倍增	李祖滨 陈媛 孙克华
978-7-111-70895-7	3倍速培养：让中层管理团队快速强大	李祖滨 李锐
978-7-111-74113-8	双高企业文化：让企业文化简单有效	李祖滨 刘星 刘刚
978-7-111-65512-1	数商：工业数字化转型之道	顾建党 俞文勤 李祖滨